_______________ 님의 소중한 미래를 위해

이 책을 드립니다.

시험장에서 바로 써먹는 한자어 문해력 80

시험장에서 바로 써먹는 한자어 문해력 80

시험장에서 바로 써먹는

한자어 문해력 80

메이트북스

김진형 지음

10대를 위한
한자어 문해력 수업

메이트북스

메이트북스 우리는 책이 독자를 위한 것임을 잊지 않는다.
우리는 독자의 꿈을 사랑하고,
그 꿈이 실현될 수 있는 도구를 세상에 내놓는다.

시험장에서 바로 써먹는 한자어 문해력 80

초판 1쇄 발행 2026년 1월 30일 | **지은이** 김진형
펴낸곳 (주)원앤원콘텐츠그룹 | **펴낸이** 강현규·정영훈
등록번호 제301-2006-001호 | **등록일자** 2013년 5월 24일
주소 04607 서울시 중구 다산로 139 랜더스빌딩 5층 | **전화** (02)2234-7117
팩스 (02)2234-1086 | **홈페이지** matebooks.co.kr | **이메일** khg0109@hanmail.net
값 16,500원 | **ISBN** 979-11-6002-442-5 03700

"어휘력은 당신이 세상을 바라보는
렌즈의 도수와 같다."

· 랠프 월도 에머슨(시인이자 사상가) ·

교과서 한자어 80개로 완성하는 입체적 문해력

공부라는 정글 속에서 길을 잃은 10대 친구들에게, 그리고 아이의 어휘력 때문에 밤잠 설치는 학부모님께 이 글을 전합니다.

우리는 매일 수많은 한자어 속에서 살아갑니다. 하지만 많은 친구에게 이 글자들은 그저 외워야 할 '딱딱한 암호'일 뿐입니다. 뜻도 모른 채 문제집만 풀다 보니, 공부는 갈수록 지겨운 노동이 되고, 문해력은 제자리걸음을 걷게 됩니다. 글자는 읽지만 의미는 튕겨 나가는 이른바 '실질적 문맹'의 상태로는 아무리 많은 문제집을 풀어도 성적의 벽을 넘을 수 없습니다.

이 책은 바로 그 답답함에서 시작되었습니다. 저는 교과서와 역대 수능·모의고사 지문을 분석해 200여 개의 후보 단어를 추출했습니다. 그리고 다시 한번 엄정한 필터링을 거쳤습니다. '팽창'

이나 '수축'처럼 반대말만 알면 되는 단어, '정직'이나 '성실'처럼 도덕 책에서나 볼 법한 단어, '특징'이나 '해당'처럼 발문에 습관적으로 쓰여 변별력이 낮은 단어들은 과감히 쳐냈습니다. 대신 '임계'의 지점을 모르면 과학 지문의 변곡점을 놓치고, '매몰'의 원리를 모르면 경제 지문의 함정에 빠지며, '함의'의 깊이를 모르면 인문 지문의 속뜻을 읽어낼 수 없습니다. 이렇게 모르면 반드시 틀리고 알면 반드시 맞히는 '변별력의 핵심' 80개만을 최종 선별했습니다.

이 80개는 단순히 빈도수가 높은 단어가 아닙니다. 지문의 뼈대를 세우고, 문맥의 흐름을 바꾸며, 출제자의 의도를 관통하는 '결정적 어휘'들만 남긴 정예 부대입니다. 두꺼운 어휘 사전 대신 이 얇은 책을 선택한 여러분의 판단이 틀리지 않았음을 증명하기 위해, 가장 압축적이고 강력한 리스트를 완성했습니다.

이 책은 여러분에게 두 가지 강력한 무기를 선물할 것입니다.

첫째, 시험의 판도를 바꾸는 '전략적 문해력'입니다. 우리가 마주하는 지문은 사실 단어들의 정교한 논리 게임입니다. 이 책은 단어의 어원을 통해 그 단어가 머릿속에서 하나의 '입체적인 그림'으로 그려지게 돕습니다. 특히 각 단어 끝에 달린 [이 단어가 시험지에 나올 때] 코너를 주목해 주세요. 단순히 뜻을 아는 것을 넘어, 이 단어가 실제 시험 현장에서 어떤 함정으로 쓰이는지, 어떻게 정답의 근거가 되는지 그 실전적인 판독 기술을 보여 줄 것입니다.

둘째, 세상을 입체적으로 읽어내는 '교양인의 안목'입니다. 한자어에 대한 깊이 있는 이해는 시험장 안에서만 유효한 것이 아닙니다. 우리가 성인이 되어 마주할 법률, 경제, 정치, 예술의 세계 또한 결국 이 한자어들의 정교한 조합으로 이루어져 있습니다. 이 책을 통해 다져진 어휘력은 여러분이 훗날 어떤 문장을 읽고 어떤 대화를 나누든, 상대를 압도하는 사고의 깊이와 품격 있는 언어를 갖게 해 줄 것입니다.

특히 이번 집필 과정에서는 불수능의 파고를 넘어 고려대학교 사회학과 3학년에 재학중인 이지안 학생이 실전 감수로 참여했습니다. 수험생의 눈높이에서 '시험장에서 이 단어가 어떻게 직관적으로 읽혀야 하는가'를 함께 치열하게 고민했습니다. 저의 인문학적 통찰에 명문대 선배의 생생한 실전 감각이 더해졌기에, 이 책의 팁들은 여러분이 시험지 위에서 마주할 가장 현실적이고 강력한 무기가 될 것입니다.

문해력은 단순히 글을 읽는 기술이 아니라, 내 삶을 멋지게 해석하는 힘입니다. 이 책에 담긴 80개의 정예 어휘들이 여러분의 시험지 위에서는 날카로운 '정답의 열쇠'가 되고, 인생 앞에서는 흔들리지 않는 '지적인 이정표'가 되기를 진심으로 응원합니다.

김진형

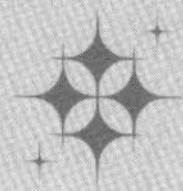

3장 비문학·사회
사회의 이해관계와 작동 원리를 읽는 한자어

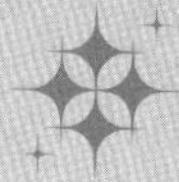

4장 비문학·과학
과학적 현상과 기술의 인과를 관통하는 한자어

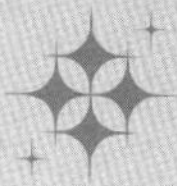

6장 심화·출제
시험지 속 함정을 피하고 의도를 읽는 한자어

텍스트를 읽고도 의미가 잡히지 않는 이유는 사고의 엔진인 단어의 해상도가 낮기 때문입니다. 모든 학문의 기초가 되는 어휘의 속뜻이 흐릿하면, 글쓴이가 세워둔 논리의 바닥을 판독하지 못하고 결국 출제자가 파놓은 추론의 함정에 빠지고 맙니다.

1장에서 다룰 단어들은 과목의 경계를 넘어 정보를 묶고 숨겨진 전제를 찾아내는 가장 강력한 사고의 도구입니다. 이 도구들을 장착하면 복잡한 지문 속에서도 핵심 구조를 오차 없이 추출해내는 예리한 눈을 갖게 됩니다. 1장을 마칠 때쯤, 여러분은 공부의 효율을 완전히 뒤바꾸는 논리의 고수가 되어 있을 것입니다.

사고의 기초
지문의 뼈대를 세우고
사고를 깨우는 한자어

01

정의(定義)

생각의 울타리를 치는 명확한 약속

定 (정할 정)·義 (뜻 의)　**사전적 의미**: 1. 어떤 말이나 사물의 뜻을 명확히 밝혀 정함. 2. 개념의 내용이 어떠한가를 규정하는 일.

　어려운 글을 읽을 때 가장 먼저 확인하여야 할 것은 "이 단어가 정확히 어떤 의미로 쓰였는가?"입니다. 정의(定義)는 단어의 뜻에 분명한 울타리를 쳐서, 생각이 엉뚱한 곳으로 도망가지 못하게 약속하는 일입니다.

　정(定)은 집(宀) 아래에 발(止)이 멈춰 선 모습으로, 움직이던 발걸음을 특정 울타리 안에 머물게 하여 경계를 확정 짓는 고정의 원리를 뜻합니다. 의(義)는 제사에 바치는 양(羊)처럼 깨끗하고 바른 본래의 상태를 세우는 것으로, 수많은 겉모습 중에서 가장 옳은 본질 하나를 골라내는 성질을 가집니다.

　어원으로 본 정의는 흔들리던 단어의 뜻(義)을 한곳에 단단히 고정하는(定) 것입니다. 이는 모호한 개념에 명확한 테두리를 둘러 논의의 출발선을 긋는 '지적인 토대'이며, 개념의 본질을 흐트

러짐 없이 세우는 가장 엄격한 질서입니다. 결국 무질서하게 흩어져 있던 사유의 조각들을 하나의 선명한 경계 안에 가둠으로써 올바른 논의가 가능하도록 하는 것입니다.

법학이나 사회 과학 지문에서 정의는 사전적 풀이를 넘어 판단의 준거가 되는 개념적 틀을 세우는 필수적인 기초 공사가 됩니다. 작가는 정의를 통해 논의의 유효 범위를 선포하므로, 이 약속된 경계를 정확히 파악하여야만 정보의 왜곡 없이 정교한 추론을 시작할 수 있습니다. 지문 첫머리에서 제시되는 정의를 문맥적 의미로 치환해 머릿속에 고정하여야 합니다. 따라서 필자가 그어놓은 개념의 테두리를 한 치의 오차 없이 따라가는 것이 필요합니다.

모호한 단어에 경계를 세워 길을 잃지 않게 하듯, 우리 삶의 혼란 또한 나만의 가치에 대한 정의가 흔들릴 때 시작됩니다. 남들이 말하는 성공이나 행복의 기준에 휘둘리기보다, 나에게 정말 소중한 것이 무엇인지 스스로 명확한 울타리를 쳐보세요.

선택지에서 "개념의 정의를 밝히고 있다"라는 문장을 만나면 지문 초입에서 "~이란 ~이다" 식의 뜻풀이가 있는지 확인하세요. 작가가 글의 도입부에서 울타리를 쳤다면, 그 문장은 글 전체의 논의 범위를 결정하는 절대적인 기준점이 됩니다. 출제자는 지문에 나온 정의의 범위를 살짝 비틀어 우리를 낚곤 합니다. 내 상식과 지문의 정의가 충돌할 때, 내 생각을 과감히 버리고 오직 지문에 적힌 '약속된 울타리'만 믿으세요. 정의를 문맥적으로 고정하여야만 함정을 피할 수 있습니다.

02

본질(本質)
껍데기를 다 버려도 남는 하나의 뿌리

本 (근본 본)·質 (바탕 질)　**사전적 의미**: 1. 사물이나 현상에 내재하는 근본적인 성질. 2. 어떤 사물을 그 사물이게끔 하는 고유한 속성.

수많은 정보가 쏟아지는 상황 속에서 우리는 종종 겉으로 드러난 화려한 현상에 현혹되곤 합니다. 지엽적인 부분에 매몰되어 정작 중요한 흐름을 놓치게 될 때, 우리에게 필요한 것이 바로 본질(本質)을 꿰뚫는 눈입니다.

본(本)은 나무(木)의 아래쪽에 선(一)을 그어 뿌리를 가리키는 글자로, 사물이 생겨난 근본적인 바탕을 의미합니다. 질(質)은 도끼(斤)로 바탕이 되는 재목이나 재물(貝)을 정교하게 다듬는 모습에서 유래하며, 겉치레를 걷어내고 남은 사물 고유의 성질이나 바탕을 뜻합니다.

어원으로 본 본질은 사물의 가장 밑바닥에 있는 뿌리(本)이자, 그 바탕을 이루는 타고난 결(質)입니다. 이는 겉으로 드러난 화려한 현상에 가려져 보이지 않지만, 사물을 사물답게 만드는 '변하지 않는 고유한 원형'이라 할 수 있습니다. 결국 잎사귀가 흔들리고 꽃이 지더라도 결코 변치 않는 나무의 중심 기둥처럼, 존재의 모든 가치를 결정짓는 최후의 내적 근간입니다.

지문에서 본질을 꿰뚫는 눈은 지엽적인 예시가 바뀌어도 흔들리지 않으며, 지문의 중심을 관통하는 핵심 논지를 단단히 움켜쥐어 정답에 이르는 확신을 만들어냅니다. 따라서 본질적 속성을 파악한다는 것은 텍스트에 나열된 수많은 데이터 중 변하지 않는 단 하나의 상위 개념을 추출하는 작업입니다. 현란한 수식어와 곁가지 정보를 과감히 쳐내고 필자가 끝내 지키려 한, 단 하나의 근본 속성을 포착하는 것이 독해의 최종 목표입니다.

겉으로 드러난 화려한 현상에 가려져 보이지 않지만, 사물을 사물답게 만드는 뿌리를 찾는 과정은 우리 삶에도 꼭 필요합니다. 지금 당장의 작은 흔들림에 일희일비하기보다 내가 나아가려는 방향과 신념이라는 본질을 튼튼히 다지는 데 집중해 보세요.

■■■ 이 단어가 시험지에 나올 때 ■■■

설명문이나 철학 지문에서 이 단어가 나오면 화려한 예시를 버리고 '남는 알맹이'를 찾으세요. 지문 속에서 "A의 근본 속성은~" 혹은 "A의 핵심 가치는~"이라는 문장이 보인다면 그것이 바로 여러분이 붙잡아야 할 판독의 기준점입니다.

출제자는 주로 본질에서 벗어난 지엽적인 정보를 섞어 매력적인 오답을 설계합니다. 선택지를 판독할 때 이 진술이 글의 뿌리와 직접 연결된 내용인지, 아니면 스쳐 지나가는 지엽적 정보인지를 따져 본다면 함정을 명확히 가려낼 수 있습니다.

03

근거(根據)

주장이 공중에 뜨지 않게 땅에 고정함

根 (뿌리 근)·據 (의지할 거) **사전적 의미**: 1. 어떤 일이나 의견의 뿌리가 되는 기초나 근본. 2. 어떤 판단이나 결론의 바탕이 되는 이유나 자료.

누군가를 설득하거나 자신의 생각을 전할 때, 명확한 이유가 뒷받침되지 않은 주장은 공중에 붕 뜬 신기루와 같습니다. 이때 우리에게 필요한 것이 바로 근거(根據)입니다. 근거는 주장이 비바람에 흔들리지 않도록 땅에 단단히 고정해 주는 지지대입니다.

근(根)은 나무(木)가 땅속 깊이 뿌리를 내려 몸체를 지탱하는 형상으로, 비바람에도 흔들리지 않게 붙드는 보이지 않는 바탕을 의미합니다. 거(據)는 손(扌)으로 단단한 기둥을 꽉 움켜잡고 의지하는 모습으로, 자신의 정당함을 증명하기 위해 외부의 확실한 실체에 몸을 기대는 형국을 뜻합니다.

어원으로 본 근거는 나무를 지탱하는 뿌리처럼 깊은 바탕(根)이자, 손으로 꽉 움켜잡는 확실한 지팡이(據)입니다. 이는 주장이 흔들리지 않도록 단단히 고정하는 '논리적 시발점'이며, 어떤 결론에 도달하기 위해 반드시 손에 쥐고 있어야 할 확실한 증거 자료라 할 수 있습니다. 결국 보이지 않는 곳에서 주장의 생명력을 지탱하는 뿌리라고 볼 수 있습니다.

비문학 독해에서 근거를 파악하는 것은 필자가 어떤 사실적 토대 위에서 주장을 펴는지 그 설계도를 확인하는 필수 과정입니다. 특히 비판적 사고 문항에서는 제시된 근거가 주장을 이끌기에 충분한지와 사실에 부합하는지를 정교하게 따지는 것이 핵심입니다. 텍스트 밑에 숨겨진 증거의 무게를 잴 때 비로소 작가의 논리를 객관적으로 평가할 수 있습니다. 따라서 주장의 화려함에 현혹되지 않고 그것을 떠받치는 근거의 단단함을 우선 확인하여야 합니다.

필자의 설계도를 확인하듯, 타인의 시선에 휘둘리기보다 내가 내린 선택의 뿌리가 어디에 닿아 있는지 내면을 가만히 들여다보세요. 일상의 사소한 판단조차 정교한 이유로 뒷받침할 줄 아는 사람은 세상이라는 자신만의 중심을 지켜낼 수 있습니다.

■ 이 단어가 시험지에 나올 때 ■

주장을 뒷받침하는 요소를 묻는다면 지문 속 작가가 자기 주장을 세우기 위해 깔아 둔 통계나 전문가의 말 같은 지지대를 찾으세요. 작가가 주장을 증명하기 위해 제시한 객관적 자료가 무엇인지 명확하게 찾아내는 것이 문제 해결의 핵심입니다. 출제자는 지문에 나온 사실이지만 주장과는 논리적 관련이 없는 내용을 슬쩍 끼워 넣어 우리를 낚기도 합니다. 따라서 내용의 일치 여부를 넘어, 해당 진술이 주장을 뒷받침하는 직접적인 이유가 되는지 판독하여야 합니다.

추론(推論)
단서를 발판 삼아 미지의 답을 찾기

推 (밀 추)·論 (논할 론)　**사전적 의미**: 1. 어떠한 판단을 근거로 하여 다른 판단을 이끌어냄. 2. 알려진 명제로부터 새로운 명제를 유도하는 사고 작용.

우리는 때로 정답이 눈앞에 직접 드러나 있지 않은 상황을 마주합니다. 이때 필요한 능력이 바로 추론(推論)입니다. 추론은 이미 알고 있는 확실한 정보를 발판 삼아 아직 보이지 않는 미지의 진실을 향해 논리의 손을 뻗는 고차원적인 지적 탐험입니다.

추(推)는 손(扌)을 뻗어 물체를 앞으로 밀어내는 역동적인 동작으로, 이미 알고 있는 지점을 발판 삼아 미지의 영역으로 나아가는 전진의 힘을 의미합니다. 론(論)은 말(言)을 책묶음(侖)처럼 차례대로 엮어 펼쳐놓는 모습으로, 생각의 조각들을 일정한 법칙과 순서에 따라 조리 있게 배열하는 질서를 뜻합니다.

어원으로 본 추론은 드러난 단서를 논리의 힘으로 밀어붙여(推), 숨겨진 결론을 조리 있는 질서에 따라 이끌어내는(論) 과정입니다. 이는 눈앞의 정보를 발판 삼아 아직 밝혀지지 않은 영역을 향해 사고를 확장하는 '지적 투사'이며, 파편화된 근거들을 하나의 완성된 체계로 정렬하여 보이지 않는 진실을 길러내는 행위라 할 수 있습니다.

비문학 독해에서 추론은 지문에 명시적으로 드러나지 않은 정보를 '논리적 필연성'에 근거하여 재구성하는 고도의 인지 작용입니다. 추론형 문항을 해결할 때는 단어의 일치 여부를 넘어 제시된 조건들이 가리키는 '보이지 않는 목적지'가 어디인지 파악하여야 합니다. 따라서 지문의 팩트들이 가리키는 방향성을 읽어내어, 필자가 입 밖으로 내지 않은 결론의 빈칸을 논리적으로 채워 넣는 것이 독해의 완성입니다.

보이지 않는 목적지를 파악하듯, 우리 삶 또한 눈에 보이는 사실 너머의 진실을 발견해 나가는 추론의 여정입니다. 지금 당장 눈앞의 상황이 답답하더라도 섣불리 단정하기보다 숨겨진 방향성을 읽어내려는 질문을 멈추지 마세요.

■■■ 이 단어가 시험지에 나올 때 ■■■

추론 문제를 만나면 '지문 속 단서를 힘껏 밀어붙이기'를 시도하세요. 지문에 정답이 직접 없어도 드러난 정보를 발판 삼아 숨겨진 결론을 찾아내야 합니다. 단서와 미지의 결론 사이를 잇는 논리의 다리가 필요한 거죠.
출제자는 지문에 나온 사실을 단순히 확인하는 수준을 넘어, 그 이면의 필연적 결론을 묻습니다. 이때 내 상상력에 의존하기보다 지문에 제시된 조건들을 논리적으로 연결하여 '보이지 않는 목적지'를 찾아내야 합니다.

05

전제(前提)

결론을 위해 먼저 깔아둔 숨은 약속

前 (앞 전)·提 (끌 제)　**사전적 의미**: 1. 사물이나 현상을 성립시키기 위하여 먼저 내세우는 조건. 2. 추론에서 결론을 이끌어 내는 근거가 되는 판단.

모든 글에는 겉으로 드러나지 않아도 누구나 그렇다고 믿고 시작하는 '약속'이 있습니다. 이것이 바로 전제(前提)입니다. 만약 "눈이 내리니 축구 시합은 취소다"라고 한다면, 거기에는 '눈이 내리면 축구를 할 수 없다'라는 약속이 깔려 있는 셈이죠.

전(前)은 배(舟)가 앞으로 나아가는 모습과 발(止)이 결합하여 향해 가는 방향을 뜻합니다. 제(提)는 손(扌)으로 물건을 끌어 올리거나 제시하는 모습으로, 어떤 결론에 도달하기 위해 논의의 머릿속에 미리 끌어다 놓은 조건이나 바탕을 의미합니다.

어원으로 본 전제는 본격적인 주장을 펴기 전에(前) 미리 내세우는(提) 바탕입니다. 이는 결론이라는 목적지에 도착하기 위해 반드시 먼저 밟고 지나가야 하는 '논리적 선행 조건'이며, 주장의 정당성을 확보하기 위해 가장 먼저 꺼내 놓은 약속입니다. 모든 사유의 전개에 앞서 그 바탕에 놓이는 단단하고 흔들림 없는 지지대입니다.

논리학이나 비판적 사고 영역에서 전제는 결론이 성립하기 위해 반드시 참이어야 하는 토대가 되므로, 고난도 비문학 지문에서는 작가가 직접 언급하지 않고 당연하게 깔아둔 '생략된 전제'를 찾아내는 것이 독해의 핵심입니다. 필자가 숨겨둔 이 믿음의 정체를 밝혀낼 때 비로소 논증의 설계도가 선명히 보이기 시작합니다. 따라서 겉으로 드러난 주장을 무작정 수용하기에 앞서, 그 주장을 지탱하는 밑바닥에 어떠한 가정이 숨어 있는지 그 논리적 뿌리를 날카롭게 파고들어야 합니다.

논증의 설계도를 파악하기 위해 뿌리를 파고들듯, 우리 삶을 지탱하는 것은 겉으로 드러난 행동보다 그 아래 깊숙이 깔린 전제입니다. 내가 세상을 대하는 태도나 스스로를 바라보는 시선이 어떠한 바탕 위에 놓여 있는지 가만히 들여다보세요.

■ 이 단어가 시험지에 나올 때 ■

지문에 숨겨진 전제를 찾으라는 문제는 결론을 도출하기 위해 필자가 당연하게 깔아둔 논리적 바닥을 찾는 일입니다. "A이니까 B이다"라는 문장을 마주하면 "A와 B를 잇기 위해 반드시 필요한 숨겨진 사실"이 무엇인지 집요하게 물어야 합니다.
시험 문제는 종종 이 전제를 직접 공격해 논리를 한순간에 무너뜨립니다. 선택지를 판독할 때 내 상식이 아니라 지문이 약속으로 깔아 준 바닥이 무엇인지 확인하세요. 이 토대를 놓치면 필자의 논리 궤도에서 벗어나 오답의 함정에 빠지게 됩니다.

타당(妥當)

원인과 결과의 톱니바퀴가 맞는 상태

妥 (온당할 타)·當 (마땅할 당)   **사전적 의미**: 1. 사물의 이치로 보아 마땅함. 2. 전제가 참일 때 결론도 반드시 참이 되는 논리적 성질.

누군가의 주장을 들었을 때 "그 말 참 타당하다"라고 말하곤 합니다. 여기서 타당(妥當)하다는 것은 단순히 '옳다'는 뜻을 넘어, 그 주장이 논리적 빈틈없이 제자리에 딱 들어맞아 우리가 편안하게 받아들일 수 있다는 뜻입니다.

타(妥)는 손(爪)이 여자(女)의 머리 위에 부드럽게 놓인 모습으로, 다툼 없이 상황이 온건하게 진정된 상태를 의미합니다. 당(當)은 밭(田)과 집(尙)이 서로 마주 보듯 딱 맞는 것을 뜻하며, 사리에 어긋남 없이 도리에 부합하여 겉과 속이 조화롭게 일치하는 상태를 말합니다.

어원으로 본 타당은 어느 한쪽으로 치우침 없이 적절하고(妥), 이치에 한 치의 오차도 없이 마땅히 들어맞는(當) 상태입니다. 이는 논증의 전개 과정이 억지스럽지 않아 보기에 편안할 뿐만 아니라, 원인과 결과의 관계가 법도에 완벽히 부합하여 어떠한 논리적 빈틈도 허용하지 않는 '정합적 무결성'이라 할 수 있습니다. 결국 모든 조건이 제 자리를 찾아 안착함으로써 더 보탤 것도 뺄 것도 없는 평온한 상태에 이른 논리적 완성형입니다.

논리학이나 독해 영역에서 타당성은 '전제가 참일 때 결론이 필연적으로 도달하는지의 여부'를 판단하는 핵심 척도입니다. 따라서 타당성을 검토한다는 것은 필자가 세운 논리적 징검다리가 부실하지 않은지 확인하는 비판적 읽기의 정점이 됩니다. 특히 전제로부터 결론이 도출되는 과정에서 비약이나 단절이 없는지, 그 연결 고리의 강도를 정교하게 측정하는 것이 독해의 관건입니다.

사유의 연결 고리를 정교하게 측정하듯, 우리 삶 또한 억지스러운 주장보다 마땅한 이치가 앞서야 합니다. 목소리를 높여 상대를 제압하려 하기보다 내면의 원칙을 차근차근 실천할 때, 비로소 타인의 마음을 움직이는 진짜 힘이 생겨납니다.

이 단어가 시험지에 나올 때

논증의 타당성을 묻는다면 '논리의 톱니바퀴가 제자리에 딱 들어맞는가'를 확인하세요. 근거에서 결론으로 나아가는 과정이 억지스럽지 않고 이치의 흐름이 자연스럽게 맞물려 돌아가는지 꼼꼼하게 따져 보는 판단 과정입니다.
시험에서는 전제는 참인데 결론이 엉뚱하게 튀어나오는 경우를 보여주고 타당하지 않다는 정답을 고르게 유도합니다. 그럴싸해 보여도 지문의 인과 관계가 부족하다면 논리적 타당성이 완전히 무너진 글로 간주하여야 합니다.

종합(綜合)
흩어진 여러 정보를 하나로 묶는 힘

綜 (모을 종)·合 (합할 합)　**사전적 의미**: 1. 개별적으로 흩어져 있는 여러 가지를 한데 모아 합함. 2. 여러 개념이나 요소를 결합하여 하나의 통일된 전체로 만드는 일.

복잡한 이야기를 다 듣고 나서 "결국 핵심이 무엇일까?"라며 막막해질 때가 있습니다. 개별적인 정보들을 하나로 꿰어내지 못했기 때문입니다. 이때 우리에게 필요한 것이 종합(綜合)의 능력입니다. 종합은 파편화된 사실들을 연결하여 통일된 전체를 완성하는 일입니다.

종(綜)은 베틀에서 실(糸)을 교차시켜 복잡한 문양을 만드는 모습으로, 여러 가닥의 정보를 하나로 엮는 것을 뜻합니다. 합(合)은 그릇의 몸체와 뚜껑(스)이 입(口)을 맞추듯 딱 붙는 형상으로, 흩어져 있던 요소들을 모아 빈틈없이 하나의 완성된 체계로 만드는 원리를 담고 있습니다.

어원으로 본 종합은 흩어진 실을 모아 베를 짜고(綜), 그릇의 뚜껑을 닫듯 빈틈없이 결합하는(合) 과정입니다. 이는 제각각인 정보를 일정한 질서에 따라 한데 묶어 새로운 의미를 창출하는 '전체적 구성'을 뜻하며, 파편화된 조각들을 유기적으로 연결하여 하나의 완성된 체계를 세우는 작업입니다.

비문학 독해에서 종합적 사고는 단순히 내용을 요약하는 수준을 넘어, 정보 사이의 인과나 대립 구조를 파악해 글 전체를 관통하는 입체적인 구조도를 그려내는 일입니다. 분석의 칼로 쪼개어 읽은 데이터를 종합의 베틀로 촘촘히 엮어낼 줄 알아야 합니다. 따라서 세부 정보에만 매몰되지 않고 각 문단이 전체 주제를 향해 어떻게 유기적으로 맞물려 돌아가는지 그 지적인 조감도를 확보하는 것이 독해의 최종 목표입니다.

옥석을 가려내는 논리의 날카로운 틀을 갖추는 일은 비단 텍스트를 읽을 때만 필요한 것이 아닙니다. 세상이 던지는 정답 없는 요구들 속에서 나만의 거름망을 통과하지 않은 불순한 정보들을 과감히 덜어내 보세요.

■ 이 단어가 시험지에 나올 때 ■

지문을 읽고 내용을 종합하여야 할 때는 단락마다 흩어진 정보의 실들을 질서 있게 모아 '하나의 주제'라는 온전한 옷을 만드는 과정을 떠올리세요. 선택지에서 종합적 이해를 요구하면 핵심 조각들을 긴밀하게 연결해 전체 그림을 그려내야 합니다. 선택지에서 정보를 종합해 도출한 결론을 묻는다면 글쓴이가 개별 사실들을 하나의 선명한 마침표로 묶어냈는지 확인하세요. 출제자는 일부 내용만 종합한 척하며 전체 결론인 양 속이기도 하므로, 모든 단서를 아우르는 핵심을 판독하여야 합니다.

08

비판(批判)
옥석을 가려내는 논리의 날카로운 틀

批 (비평할 비)·判 (판단할 판)　**사전적 의미**: 1. 사물의 옳고 그름을 가리어 판단하거나 밝힘. 2. 인식이나 행동의 근거와 한계를 이론적으로 밝힘.

누군가의 주장을 무조건 받아들이지 않고 "정말 그럴까?"라고 의심해 본 적 있나요? 그것이 바로 비판(批判)의 시작입니다. 비판은 상대를 깎아내리는 공격이 아닙니다. 가짜와 진짜를 골라내어, 더 단단한 진실만을 남기려는 지적인 거름망과 같습니다.

비(批)는 손(扌)으로 견주어 보며(比) 옥석을 가려내는 동작을 뜻합니다. 판(判)은 칼(刂)로 절반을 나누어(半) 사물의 옳고 그름을 명확히 가르는 형상입니다. 즉, 비판은 막연한 감상이 아니라 명확한 기준의 칼날로 대상의 논리적 시시비비를 가려내는 엄격한 분별을 의미합니다.

어원으로 본 비판은 잘못된 것을 손으로 밀쳐 바로잡고(批), 칼로 나누듯 시시비비를 명확히 판가름하는(判) 과정입니다. 이는 정보를 무조건 수용하지 않고 논리라는 엄격한 잣대를 들이대어

32

내용의 적절성을 가려내는 '평가적 사고'의 정점입니다. 결국 비판은 텍스트의 표면적 의미 뒤에 숨은 논리적 결함을 찾아내어 옥석을 가려내는 분별의 원리라 할 수 있습니다.

독자는 지문의 내용을 액면 그대로 믿는 대신, 내적 정합성과 외적 타당성을 동시에 검증하며 글의 취약점을 정교하게 파고들어야 합니다. 비판이라는 촘촘한 거름망을 통과시킨 생각만이 불순물이 제거된 선명한 지식으로 남게 되며, 이를 통해 필자의 권위에 휘둘리지 않게 됩니다. 따라서 주장의 전제가 취약하거나 근거와 결론 사이의 인과적 고리가 느슨하지 않은지 끊임없이 의심하며 읽는 것이 오답의 함정을 피하는 가장 확실한 길입니다.

논증의 취약점을 파고들듯 내면의 중심을 바로잡는 사람만이 타인의 권위에 휘둘리지 않고 자신을 지켜낼 수 있습니다. 끊임없는 의심과 정교한 검열을 거쳐 남겨진 생각들은, 세상이라는 복잡한 미로 속에서 여러분을 구해낼 보호막이 될 것입니다.

이 단어가 시험지에 나올 때

비문학 문제에서 비판적 이해를 요구한다면 '논리의 구멍 찾기' 모드를 곧바로 켜세요. 선택지에서 비판적 관점의 평가를 묻는다면 상대의 논리를 객관적 기준에 비추어 검사하며 잘못된 지점을 논리적으로 날카롭게 짚어내야 합니다.
선택지에서 비판적 진술을 만난다면 지문의 논리를 무너뜨릴 수 있는 결정적인 반례가 있는지 확인하세요. 작가의 주장에 대해 예외 상황을 구체적으로 제시하며 논리의 허점을 정확히 지적하고 있는지 판독하는 것이 고득점을 얻는 비결입니다.

09

비교(比較)

공통점을 찾아 대상을 나란히 세우기

比 (견줄 비)·較 (견줄 교)　**사전적 의미**: 1. 둘 이상의 사물을 견주어 공통점이나 차이점 등을 살핌. 2. 일정한 기준에 따라 대상이 갖는 성질의 유사성을 파악함.

비교(比較)의 진짜 목적은 두 대상 사이의 '닮은꼴'을 찾아내는 것입니다. 서로 다른 듯 보이는 것들 속에서 공통된 원리를 발견할 때 깊은 이해로 나아갈 수 있습니다. 흩어진 대상들을 하나의 기준 위에 세움으로써 질서를 발견하는 과정이 비교입니다.

비(比)는 두 사람이 나란히 서서 키를 대보는 모습으로, 대상을 수평으로 놓고 공통된 척도를 찾는 과정을 뜻합니다. 교(較)는 수레(車)의 가로대를 맞추어 높낮이를 견주는 것으로, 서로 다른 대상을 같은 선상에 두고 어느 지점이 닮아있는지 살피는 것입니다.

어원으로 본 비교는 두 대상을 나란히 세우고(比) 기준에 맞춰 정밀하게 견주어 보는(較) 것입니다. 서로 다른 개체들을 동일 선상에 놓아 가려진 핵심적인 '유사 속성'을 찾아내는 과정이며, 이질적인 것들 사이에서 공통의 끈을 발견하여 무질서한 정보를 하나의 체계로 정돈하는 통합의 원리입니다.

공통점이 존재한다는 것은 두 대상이 같은 상위 범주에 속해 있음을 의미하므로, 독자는 비교를 통해 파편화된 정보를 하나의 체계적인 원리로 통합하는 사고력을 얻게 됩니다. 특히 실전에서는 필자가 설정한 '비교의 척도'가 무엇인지 파악하여 서로 다른 정보들 사이의 공통 분모를 추출해내는 것이 지문 장악의 관건입니다. 따라서 겉으로 보기에 전혀 다른 사례들이라도 필자가 제시한 기준이라는 잣대 위에서 어떻게 같은 목소리를 내는지 그 일치 지점을 정교하게 읽어내야 합니다.

파편화된 경험들이 '나'라는 하나의 체계로 통합될 때, 비로소 삶은 흔들리지 않는 중심을 얻게 됩니다. 필자가 설정한 기준 위에서 지문을 장악하듯, 여러분도 나만의 단단한 기준 위에서 스스로를 긍정하며 내일로 나아가는 동력을 얻길 바랍니다.

두 대상을 비교하라는 지시를 만나면 공통점 찾기에 먼저 집중하세요. 지문 속에서 "A와 B는 모두" 혹은 "~와 마찬가지로" 같은 문구가 보인다면, 이는 공통된 기준 위에서 대상들을 견주어 이해의 폭을 넓히라는 비교의 핵심 고리입니다.
선택지에서 비교를 통한 특성 부각을 언급하면 공통점을 바탕으로 설명이 전개되는지 확인하세요. 출제자는 비교 기준을 뒤섞어 오답을 만들기도 하지만, 공통점이 파악되어야 유의미한 차이점도 선명해진다는 원리만 잘 기억하면 됩니다.

대조(對照)

반대되는 빛으로 차이를 만드는 지혜

對 (대할 대)·照 (비칠 조)　　**사전적 의미**: 1. 둘 이상의 사물을 맞대어 보아 현저한 차이를 드러냄. 2. 대상 간의 상이한 특징을 부각하여 설명하는 사고 방식.

대조(對照)는 두 대상을 정면으로 마주 세워 각자의 개성을 선명하게 만드는 작업입니다. 어둠 속에서 빛이 더 도드라지듯, 상반되는 성질을 가진 것들을 나란히 놓음으로써 보이지 않던 미세한 차이점들을 극명하게 드러내는 것이죠.

대(對)는 촛대(丵)를 손(寸)으로 들고 대상을 마주하는 모습으로, 서로 다른 방향의 두 대상을 정면으로 마주 세우는 것을 뜻합니다. 조(照)는 불(灬)을 밝혀 환하게 비추는 것으로, 반대되는 성질을 나란히 놓아 각자의 차이점이 선명하게 드러나도록 부각하는 형상입니다.

어원으로 본 대조는 두 대상을 정면으로 마주 세우고(對), 그 위에 빛을 환하게 비추어(照) 서로의 다름을 확인하는 과정입니다. 이는 나열된 정보를 넘어 강렬한 조명 아래 각 대상의 성질과 경계를 선명히 부각하는 '논리적 변별'이며, 반대되는 성질을 통해 서로의 정체성을 더욱 뚜렷하게 드러내는 선명한 인식의 틀입니다.

비문학 독해에서 대조는 정보를 '이분법적 체계'로 분류해 글의 구조를 단순화하는 가장 강력한 무기가 됩니다. 특히 상반된 원리를 가진 두 대상을 대조할 때는, 한쪽의 특징을 뒤집으면 곧바로 상대의 특징이 되는 '역(逆)의 관계'를 파악하는 것이 고난도 지문을 뚫어내는 핵심입니다. 따라서 대조되는 두 축의 차이점뿐만 아니라, 그 차이가 발생하는 근본적인 기준점이 무엇인지 정확히 짚어내어 각 정보의 독립된 위치를 확정하는 것이 정교한 독해를 해내는 시작입니다.

차이가 발생하는 근본적인 기준점을 짚어낼 때 지문의 구조가 단순해지듯, 타인과 나의 다름을 '고유한 빛깔'로 인정할 때 비로소 내 존재의 독립된 가치도 분명해집니다. 서로의 다름을 발판 삼아 당신만의 유일한 인생을 아름답게 장식해 나가길 바랍니다.

이 단어가 시험지에 나올 때

지문에서 '반면', '~와 달리'라는 신호가 오면 서로 다른 성질을 가진 두 대상을 마주 세워 각자의 개성을 선명하게 드러내는 순간을 포착하세요. 반대되는 성질을 나란히 놓아 보이지 않던 차이를 도드라지게 만드는 것이 대조 독해의 핵심입니다. 선택지에서 대조적 사례를 통한 주장의 강조를 언급하면 상반된 두 대상이 서로의 차이를 선명하게 부각하는지 확인하세요. 출제자는 공통점과 차이점을 교묘하게 섞어 오답을 만들지만, 대조는 '다른 점'에 모든 화력을 집중하여야 함을 명심하세요.

유추(類推)
아는 원리를 빌려 미지의 답을 찾음

類 (무리 류)·推 (밀 추)　　**사전적 의미**: 1. 같은 종류의 것들에 기초하여 다른 사물을 미루어 추측함. 2. 두 사물의 유사성을 근거로 다른 속성도 비슷할 것이라 추론함.

우리는 때로 복잡하고 어려운 현상을 이해하기 위해 주변의 익숙한 사례를 떠올리곤 합니다. 이때 작동하는 논리가 유추(類推)입니다. 유추는 이미 잘 알고 있는 세계의 원리를 징검다리 삼아, 가보지 못한 낯선 영역의 정답을 찾아가는 사고 기술입니다.

유(類)는 머리(頁)와 쌀(米), 개(犬)가 결합하여 비슷한 종류끼리 구분하는 것을 뜻합니다. 추(推)는 손(扌)으로 밀어내는 동작으로, 성질이 비슷한(類) 대상을 빌려와 모르는 영역으로 생각을 확장하며(推) 미지의 답을 찾아가는 과정을 의미합니다.

어원으로 본 유추는 비슷한 무리의 속성을 파악하여(類), 이를 낯선 대상에게 힘차게 밀어붙여(推) 이해하는 과정입니다. 이미 검증된 익숙한 논리를 징검다리 삼아 미지의 진실을 향해 사고를 확장하는 '지적 도약'이며, 익숙한 질서 안으로 생소한 개념을 펴

입시키는 지적인 확장의 원리입니다.

비문학 독해에서 유추는 과학이나 기술 지문에서 추상적인 원리를 설명하기 위해 익숙한 현상을 빌려오는 '비유적 논증'의 핵심 도구가 됩니다. 독자는 유추를 통해 생소한 개념을 이미 아는 지식 체계와 연결함으로써 정보의 간극을 메우고 복잡한 문장을 익숙한 논리로 치환하는 힘을 얻게 됩니다. 유추는 지문의 숨은 의도를 파악하는 고차원적인 사고의 정점입니다. 따라서 지문에서 제시된 익숙한 사례의 원리가 낯선 대상에게도 논리적으로 빈틈 없이 적용되는지를 정교하게 따져 보는 것이 판독의 핵심입니다.

정보의 간극을 메워 복잡한 문장을 치환하듯, 타인의 생소한 시련을 나의 익숙한 질서 안으로 들여와 그 마음의 숨은 의도까지 헤아려 보세요. 유추라는 고차원적인 사고를 통해 타인과 연결될 때, 지식을 확장하는 단계를 넘어 타인의 삶을 품어 안는 지혜로 완성될 것입니다.

낯선 개념을 익숙한 사례에 빗대어 설명하는 유추는, 지식의 징검다리를 놓는 과정입니다. 지문에서 "~와 같다" 혹은 "~와 유사하다"라는 표현이 보인다면, 이는 복잡한 대상을 친숙한 상황에 투영하여 명확하게 이해시키려는 유추의 시작입니다. 선택지에서 유추를 언급할 때는 핵심 원리가 사례와 논리적으로 일치하는지 꼭 확인해야 합니다. 출제자는 겉모습만 비슷한 이질적인 원리를 연결해 오답을 만들므로, 사례의 속성이 본래의 개념과 정확히 대응하는지 판독하는 것이 중요합니다.

인과(因果)

원인과 결과의 사슬을 읽어내는 눈

因 (원인 인)·果 (열매 과)　**사전적 의미**: 1. 원인과 결과. 2. 어떤 상태에서 다른 상태가 필연적으로 일어나는 관계.

세상의 모든 일에는 반드시 그럴 수밖에 없는 이유가 있습니다. 땀 흘린 노력 뒤에 결실이 맺히고, 특정한 현상 뒤에 필연적인 결과가 뒤따르는 것처럼 말이죠. 인과(因果)는 이처럼 사건과 사건을 하나로 묶어 주는 가장 강력한 논리의 쇠사슬입니다.

인(因)은 침상에 사람이 누워 있는 모습에서 유래하여 어떤 일이 발생하게 된 토대나 원인을 뜻합니다. 과(果)는 나무(木) 위에 열매(田)가 맺힌 형상으로, 뿌린 대로 거둔다는 자연의 섭리처럼 원인에 따라 필연적으로 뒤따라오는 결실이나 현상을 의미합니다.

어원으로 본 인과는 바탕이 되는 씨앗(因)과 그로 인해 맺히는 열매(果)를 의미합니다. 이는 어떤 현상이 우연히 일어난 것이 아니라 반드시 그럴 수밖에 없는 논리적 뿌리를 가지고 있음을 뜻하며, 사건의 시작과 끝을 연결하는 '필연적인 질서'라 할 수 있습니다. 결국 모든 현상은 보이지 않는 뿌리에서 비롯된 결과물이며, 이 씨앗과 열매의 연결 고리를 파악하는 것이 대상의 본질을 꿰뚫는 핵심입니다.

비문학 독해에서 인과는 개별 정보를 하나의 선형적 흐름으로 묶어 주는 가장 강력한 논리적 사슬이 됩니다. 독자는 "~때문에", "그 결과로"와 같은 표지어를 단서 삼아 사건의 전후 맥락을 정교하게 연결하여 지문 전체를 관통하는 메커니즘을 파악하여야 합니다. 이 인과적 선후 관계를 명확히 정립할 때 비로소 복잡한 현상의 이면을 관통하는 근본 원리를 완벽히 장악할 수 있습니다. 결국 원인과 결과의 선후 관계를 뒤바꾸거나 엉뚱한 조건을 인과로 포장하는 오답의 함정을 피하는 것이 독해의 관건입니다.

우리가 세상을 살아가는 지혜 또한 내 삶의 '인과'를 정직하게 마주하는 것에서 시작됩니다. 지금 내가 심고 있는 생각과 행동이라는 씨앗이 훗날 어떤 열매로 돌아올지 스스로에게 물어보세요.

사건의 흐름을 파악할 때는 인과 관계를 명확히 구분하여 논리의 사슬을 놓치지 않아야 합니다. 복잡한 지문일수록 어떤 원인이 어떤 결과를 초래했는지 연결 고리를 파악하는 데 집중하며, 글의 전체적인 구조를 유기적으로 파악해야 합니다.
출제자는 주로 원인과 결과의 순서를 뒤바꾸거나 무관한 두 사건을 인과로 엮어 함정을 만듭니다. 지문이 제시한 선후 관계가 선택지에서도 그대로 유지되고 있는지, 혹은 필연적 연결이 왜곡되지는 않았는지 정밀하게 대조하며 판독해야 합니다.

13

가설(假說)
진실을 찾기 위해 잠시 세운 기둥들

假 (거짓 가)·說 (말씀 설) **사전적 의미**: 1. 어떤 현상을 설명하기 위하여 임시로 세운 이론. 2. 증명되지 않았으나 사실일 가능성이 있는 가정.

우리는 미지의 진실을 찾아 나설 때, "만약 이렇다면 어떨까?"라는 설계를 먼저 그려보곤 합니다. 이것이 바로 가설(假說)입니다. 아직 정답으로 확인되지는 않았지만, 진실이라는 목적지에 도달하기 위해 논리적으로 먼저 세워둔 임시 계단과도 같습니다. 가설이 존재할 때 우리는 막막한 어둠 속에서도 어디로 걸어가야 할지 명확한 방향을 정할 수 있습니다.

가(假)는 사람(人)이 잠시 빌린(叚) 모습으로, 아직 진짜가 아닌 임시의 상태를 뜻합니다. 설(說)은 기쁘게 말(言)한다는 의미로, 진실이 밝혀지기 전까지 논의를 전개하기 위해 잠시 빌려온 임시의 주장이나 설명을 의미합니다.

어원으로 본 가설은 진실을 밝히기 위해 잠시 빌려온(假) 설명(說)입니다. 이는 아직 증명되지 않은 미지의 진실을 붙잡기 위해 논리라는 임시 기둥을 세우는 일입니다. 결국 이 임시 기둥이 실험이라는 지각 변동을 견디고 단단한 이론으로 굳어질 것인지, 허무하게 허물어질 것인지를 지켜보는 것이 증명의 과정입니다.

가설은 그 자체로 완벽한 정답일 필요가 없으며, 오히려 치열한 실험과 관찰을 통해 기각되거나 수정되는 과정 자체가 정교한 이론으로 나아가는 과학적 방법론의 핵심이 됩니다. 따라서 지문에서 가설을 만날 때는 그것이 성립하기 위한 전제 조건과 반박되는 지점을 추적하며 읽는 것이 독해의 관건입니다. 결국 가설의 성립 여부를 결정짓는 실험 데이터의 향방을 정확히 포착하는 것이 정보의 진위를 가려내는 비판적 독해의 시작입니다.

지금 내린 선택이 혹여 틀릴까 봐 망설여진다면, 그것을 나만의 미래를 확인하기 위해 잠시 빌려온 '인생의 가설'이라고 생각하면 어떨까요?

지문에서 가설이 등장하면 실험을 위해 잠시 빌려온 임시 기둥이라고 생각하세요. 이후 구체적인 실험 결과가 가설과 일치하여 단단한 이론으로 굳어지는지, 아니면 결과와 달라 무너지는지 끝까지 지켜보는 것이 비문학 독해의 핵심입니다.
선택지에서 가설의 입증을 묻는다면 실험 결과가 처음에 세운 예상과 딱 들어맞는지 확인하세요. '예상-실험-결론'의 구도를 파악하고, 가설이라는 임시 설명이 최종적으로 살아남아 사실로 확정되었는지 판독하는 것이 정답을 찾는 지름길입니다.

14

검증(檢證)

가설이 사실인지 확인하는 마지막 문

檢 (검사할 검)·證 (증명할 증) **사전적 의미**: 1. 어떤 가설이나 이론이 사실인지 증거를 들어 증명함. 2. 검사하여 증명함.

세상에는 매혹적인 수많은 가설이 존재하지만, 그것이 모두 진실이 되는 것은 아닙니다. 이때 필요한 과정이 검증(檢證)입니다. 검증은 막연한 추측이나 느낌을 넘어, 구체적이고 확실한 증거를 통해 논리의 빈틈이 없는지 확답을 얻어내는 과정입니다.

검(檢)은 나무(木) 다발을 끈으로 묶어 수량을 하나하나 조사하는(僉) 모습으로, 낱낱이 살피는 검사를 뜻합니다. 증(證)은 말(言)이 사실임을 밝히는 등불(登)을 높이 든 형상으로, 조사한 데이터가 내뱉은 주장과 일치하는지 확실한 증거를 대어 밝히는 과정을 의미합니다.

어원으로 본 검증은 기준에 따라 꼼꼼히 살피고(檢) 증거를 통해 사실임을 밝히는(證) 것입니다. 이는 모호한 가설을 단단한 법도 위에 올려놓고 객관적인 증거 자료를 대조하여 그 진위를 가려내는 지적인 확증 절차라 할 수 있습니다. 결국 가설이라는 임시 기둥이 실험이라는 단단한 지면 위에 제대로 안착했는지를 판별하는 것이 바로 검증입니다.

과학이나 기술 지문에서 검증은 가설이 단단한 법칙으로 격상되는 결정적 분기점이 되며, 독자는 실험이나 관찰이라는 '실증적 수단'을 통해 데이터가 가설을 지지하는지 정교하게 따져야 합니다. 검증을 통과한 정보만이 비로소 의심 없는 '진실'로 인정받으므로, 이 절차와 결과를 정확히 파악하는 것이 비판적 독해의 완성입니다. 결국 실험 데이터가 가설을 지지하는지 그 논리적 상관관계를 정확히 읽어내는 것이 정답을 가르는 열쇠가 됩니다.

실험 데이터로 가설을 지지하듯, 막연한 꿈으로만 떠돌던 내 삶의 목적들을 현실이라는 단단한 지면 위에 하나씩 안착시켜 보세요. 화려한 말로 나를 포장하기보다 묵묵한 실천들로 스스로를 증명해 나갈 때, 당신의 삶은 비로소 의심 없는 진실이 됩니다.

이 단어가 시험지에 나올 때

실험이나 통계가 나오는 검증 단계는 가설이 진짜인지 증거를 대며 낱낱이 조사하는 과정입니다. 지문에서 실험 결과가 예상과 일치함이 드러났다는 문장을 만난다면, 앞서 내세운 임시 설명이 확실한 데이터 위에 올라서는 순간을 포착한 것입니다. 선택지에서 검증을 거친 결론 도출을 언급하면 가설이 실험을 통해 사실로 밝혀졌는지 확인하세요. 가설과 결과가 일치하여야만 '참'이라는 논리적 판정이 내려진다는 사실을 기억하며, 실험 데이터가 가설을 지지하고 있는지 판독하는 것이 핵심입니다.

문학은 정보의 나열이 아니라 '관계와 정서의 지도'입니다. 많은 이들이 문학을 운이나 감에 맡기곤 하지만, 인물이 느끼는 '연민'과 '체념'의 한 끗 차이를 구별하지 못하면 감상은 길을 잃고 맙니다. 텍스트 뒤에 숨겨진 마음의 암호를 풀기 위해서는 정교한 판독 도구가 필요합니다.

2장에서 다룰 단어들은 인물의 심리와 사건의 맥락을 입체적으로 투사하는 '공감의 안경'입니다. 타인과의 관계를 규정하는 이 단어들을 장착하면, 메마른 글자 사이로 인물의 눈물과 작가가 남긴 긴 여운이 선명하게 보이기 시작할 것입니다. 이 장을 통해 여러분은 행간을 읽어내는 정서적 문해력의 소유자가 될 것입니다.

문학 실전

인물의 마음과
장면의 이면을 읽어내는 한자어

15

해학(諧謔)

슬픔을 웃음 보자기 속에 싸서 풀어냄

諧 (화합할 해)·謔 (희롱할 학)　**사전적 의미**: 1. 익살스럽고도 해학적인 농담. 2. 대상
에 대한 애정과 연민을 바탕으로 하는 웃음.

　우리 고전 문학에는 눈물 날 정도로 슬픈 상황인데도 주인공이
너스레를 떨며 웃음을 자아내는 장면이 있습니다. 해학은 비참한
현실에 무릎 꿇지 않고 익살스러운 웃음으로 고통을 감싸 안으며
주변과 어우러지는 건강한 생명력의 표현입니다.

　해(諧)는 여러 사람의 목소리가 하나로 모여 조화를 이루듯 누
군가를 소외시키지 않는 화합의 에너지입니다. 학(謔)은 기발한
말장난이나 익살스러운 행동을 의미하며 무거운 분위기를 반전
시켜 가시를 뺀 부드러운 농담을 건네는 힘입니다.

　어원으로 본 해학은 익살스러운 농담으로 슬픔을 이겨내고 모
두가 하나로 어우러지는 사유의 방식입니다. 고통을 비관하기보
다 웃음이라는 보자기에 싸서 부드럽게 풀어낼 때 비극은 비로소
따뜻한 생명력으로 승화됩니다. 슬픔의 뼈대를 부수지 않으면서

48

도 그 겉면을 유머로 어루만져 정서적 해방감을 선사하는 것이 해학의 본질적인 지향점입니다.

교과 지문에서 해학은 고전 소설이나 판소리 속 인물이 시련을 대하는 낙천적인 태도를 드러낼 때 핵심 원리로 작동합니다. 판소리 〈흥보가〉에서 가난에 찌든 가족이 찬물로 배를 채우면서도 농담을 주고받는 장면처럼 인물의 불행과 우스꽝스러운 묘사가 결합한 지점을 포착하여야 합니다. 비극적 상황임에도 안쓰러우면서 웃음이 나는 묘사가 있다면 필자가 해학의 기법을 활용하고 있음을 인지하여야 합니다. 따라서 인물이 처한 환경과 그것을 표현하는 문체의 괴리를 읽어내는 것이 독해의 관건입니다.

실패를 비극으로만 규정하기보다 때로는 넉살 좋게 웃어넘기는 여유가 우리 삶에도 필요합니다. 자신의 부족함조차 따뜻한 웃음으로 승화시킬 줄 아는 넉넉한 마음이 당신을 다시 일어서게 하는 단단한 힘이 될 것입니다.

■ 이 단어가 시험지에 나올 때 ■

슬픔과 웃음이라는 이질적인 감정이 한 문장에 공존하는지를 먼저 살피세요. 비극적 상황을 서술하면서도 문체는 우스꽝스러운 '불일치'가 느껴진다면 해학입니다. 인물의 못난 점을 감싸 안으려는 따뜻한 시선이 느껴지는지 확인하여야 합니다. 출제자는 주로 해학을 날카로운 풍자와 섞어 함정을 만듭니다. 상대를 무릎 꿇리려는 공격성이 보이면 풍자이고, 함께 웃으며 눈물을 닦아 주려 하면 해학입니다. 선택지에서 냉소적 비판이나 적대감을 언급한다면 해학과는 거리가 먼 오답입니다.

16

골계(滑稽)

뒤틀린 세상을 꼬집는 뼈 있는 웃음

滑 (매끄러울 골) · **稽** (머무를 계) **사전적 의미**: 1. 익살스럽고도 해학적인 것. 2. 익살을 부리는 가운데 교훈을 주는 미적 범주.

우리는 당연해 보이는 질서를 슬쩍 뒤틀어 예상치 못한 웃음을 만들어내는 모든 시도를 골계라고 부릅니다. 단순히 웃기는 것을 넘어 그 안에 세상을 보는 날카로운 눈을 숨기고 있는 고차원적인 미의식입니다.

골(滑)은 물 위를 매끄러운 뼈가 미끄러지듯 나가는 모습으로 경직된 격식을 허물고 상황을 부드럽게 요리하는 유머의 기술을 상징합니다. 계(稽)는 나무에 입을 대고 소리 내어 따져 묻는 모습에서 유래하여 웃음의 여운 속에 머물며 진실을 깊이 살피는 통찰력을 의미합니다.

어원으로 본 골계는 매끄러운 입담으로 웃음을 주되 그 끝에 생각의 머무름을 두어 교훈을 전하는 사유의 방식입니다. 단순히 즐거움에 그치지 않고 뒤틀린 현실을 웃음으로 바로잡으려는 지혜로운 저항이자 정서적인 승리이기도 합니다. 경직된 일상을 유머로 말랑하게 환기하며 그 이면의 진실에 가닿게 만드는 것이 골계가 가진 본질적인 힘입니다.

문학 지문에서 골계는 풍자와 해학을 모두 아우르는 가장 넓은 미적 범주로 다루어집니다. 봉산탈춤에서 말뚝이가 양반을 우스꽝스럽게 몰아세울 때 관객은 웃으면서도 부조리한 신분제에 대해 잠시 머물러 생각하게 됩니다. 작가는 이러한 골계미를 통해 독자가 현실의 모순을 직시하게 만들거나 비극적 상황을 극복할 수 있는 정서적 토대를 마련합니다. 따라서 지문 속 웃음이 어떤 사회적 맥락을 가리키고 있는지 파악하는 것이 중요합니다.

막막한 상황을 유머로 매끄럽게 받아넘기되 그 웃음 뒤에 숨겨진 삶의 의미에 잠시 머물러 보는 여유가 필요합니다. 경직된 마음을 유머로 부드럽게 만들 줄 아는 사람만이 자신만의 속도로 당당하게 삶을 개척해 나갈 수 있습니다.

■ 이 단어가 시험지에 나올 때 ■

선택지에서 미적 범주를 묻는다면 웃음이 유발되는 모든 지점을 일단 골계로 묶으세요. 풍자인지 해학인지 헷갈리는 모호한 상황에서 골계를 언급한다면 이는 정답 확률이 매우 높은 포괄적 선택지가 됩니다.
출제자는 재담이나 해학적 묘사가 분명함에도 골계미를 부정하는 식으로 오답을 만듭니다. 뒤틀린 상황이나 익살스러운 말투가 지문에 단 한 번이라도 등장한다면 이를 골계와 즉각 연결하여 선택지의 적절성을 확인하여야 합니다.

17

풍자(諷刺)

돌려서 찔러 부조리를 무너뜨리는 힘

諷 (넌지시 말할 풍)·**刺** (찌를 자) **사전적 의미**: 1. 남의 결점을 다른 것에 비유하여 비웃으며 공격함. 2. 부조리나 어리석음을 웃음으로 비판함.

권력자의 위선이나 사회적 모순을 정면으로 비판하기 어려울 때 우리는 웃음이라는 가면을 쓰고 진실을 말합니다. 풍자는 단순히 상대를 비웃는 것을 넘어 뒤틀린 세상을 바로잡으려는 정의로운 의지를 날카로운 기지로 포장해 전달하는 고도의 비판 기술입니다.

풍(諷)은 바람(風)이 나뭇잎을 흔들어 존재를 알리듯 하고 싶은 말을 직접 뱉지 않고 뱅뱅 돌려 말하며 상대의 방심을 유도하는 부드러운 화법을 뜻합니다. 자(刺)는 가시(束)와 칼(刂)이 합쳐져 살갗을 찌르는 모습으로 웃음의 바람을 타고 다가가 비판의 가시로 상대의 급소를 정확히 찌르는 행위입니다.

어원으로 본 풍자는 바람처럼 돌려 말하며 가시처럼 날카롭게 찌르는 것입니다. 겉으로는 웃음을 주지만 그 끝에 사회의 어두운 단면을 직시하게 만드는 서늘한 비판이 담겨 있을 때 풍자는 강력한 힘을 얻게 됩니다. 단순히 누군가를 조롱하는 것에 그치지 않고 부조리를 폭로하여 세상을 바꾸려는 지적인 투쟁의 수단인 셈입니다.

교과 지문에서 풍자는 고전 소설이나 사회 비판 소설에서 서술상의 특징을 묻는 정답으로 자주 나옵니다. 인물이 작가에 의해 공격의 대상이 되고 있는지 확인하여야 합니다. 작가는 이러한 풍자를 통해 독자가 대상의 위선을 직시하게 만듭니다. 따라서 지문 속 인물이 보듬어야 할 가엾은 존재인지, 비판받아야 할 기득권인지 판독하는 것이 해학과의 차이를 가르는 핵심입니다.

누군가의 잘못을 칼날처럼 직접 겨누기보다 비유와 유머라는 바람에 실어 스스로 깨닫게 만드는 따끔한 가시를 건네보세요. 세련된 풍자는 상대를 무작정 굴복시키는 대신 스스로를 돌아보게 만드는 지혜로운 힘이 있습니다.

■ 이 단어가 시험지에 나올 때 ■

선택지에 풍자가 보이면 작가가 인물을 조롱하는지 아니면 연민하는지부터 따지세요. 냉소와 공격이 느껴지면 풍자이고, 안쓰러운 웃음이면 해학입니다. 웃음의 방향이 상대의 무릎을 꿇리려 한다면 주저 없이 풍자를 정답으로 골라야 합니다. 미학 지문에서 풍자는 단순한 재미를 넘어 사회적 경고장 역할을 합니다. 선택지에서 이를 오락적 기능으로만 한정 짓는다면 이는 풍자의 날카로운 비판성을 무시한 함정입니다. 웃음 뒤에 숨은 서늘한 칼날을 찾아내어 오답을 가려내야 합니다.

(18)

비장(悲壯)
거대한 운명에 맞서는 장렬한 눈물들

悲 (슬플 비)·壯 (씩씩할 장) **사전적 의미**: 1. 슬프면서도 그 태도가 씩씩함. 2. 장렬하고도 숭고한 슬픔이 느껴지는 상태.

소설의 주인공이 거대한 운명에 맞서 싸우다 꺾이는 장면을 보면 가슴이 웅장해지는 슬픔을 느낍니다. 비장은 단순히 신세 한탄을 하는 나약함이 아니라 찢어지는 고통 속에서도 인간의 존엄을 지키려 끝까지 버티는 기상이 서린 장엄한 눈물입니다.

비(悲)는 마음(心)이 정상적인 상태가 아니(非)라 반으로 쪼개지는 듯한 극심한 고통과 인물이 처한 절망적인 상황을 상징합니다. 장(壯)은 선비(士)가 나무 앞에 당당히 서 있는 모습처럼 슬픔에 젖어 흐느적거리지 않고 꼿꼿하게 맞서는 의지를 의미합니다.

어원으로 본 비장은 마음이 찢어지는 슬픔 속에서도 무릎 꿇지 않고 씩씩하게 버티는 기상입니다. 단순히 불행에 머무는 것이 아니라 꺾일지언정 굽히지 않는 인간 정신의 위대함이 이 단어 속에 뜨겁게 살아 있습니다. 고통에 매몰되지 않고 당당히 맞서는 과정 자체가 이미 인간의 영혼을 가장 고귀하고 장엄하게 만드는 미적 승화인 셈입니다.

교과 지문에서 비장은 화자나 인물이 처한 암담한 현실과 그것을 극복하려는 강한 의지가 충돌할 때 발생하는 미의식으로 다루어집니다. 이육사의 시 〈절정〉에서 매운 계절의 채찍 아래 서 있는 화자의 모습이나 나라를 위해 목숨을 바치는 영웅의 마지막 순간이 비장미의 결정체입니다. 작가는 이러한 비장함을 통해 독자에게 강렬한 카타르시스를 제공하며 인물의 고결한 신념을 강조하는 장치로 활용합니다. 따라서 지문 속 인물이 겪는 시련의 무게와 그것을 견뎌내는 정신적 높이를 비교하며 읽어야 합니다.

감당하기 힘든 시련 앞에서 주저앉고 싶을 때 다시 마음을 가다듬고 내일을 준비하는 씩씩함을 발휘해 보세요. 고통에 당당히 맞서는 비장한 걸음들이 모여 결국 불가능해 보이던 운명의 벽을 허무는 기적을 일궈낼 것입니다.

■ 이 단어가 시험지에 나올 때 ■

선택지에서 비장을 골라야 한다면 인물의 불행보다 '버티는 힘'에 초점을 맞추세요. 단순히 눈물을 흘리는 슬픈 상황만으로는 비장미가 성립하지 않으며, 거대한 시련에 짓눌리지 않으려는 팽팽한 의지가 지문에 직접 확인되어야 정답입니다. 출제자는 주로 무기력한 체념이나 자기연민을 비장과 섞어 수험생을 현혹합니다. 시련을 담담히 수용하거나 현실에 순응하는 태도는 비장의 범주에서 제외되므로, 지문 속 인물이 허리를 펴고 당당하게 맞서고 있는지 확인하여야 합니다.

19

숭고(崇高)

압도적 대상 앞에서 느끼는 거룩한 빛

崇 (높을 숭)·高 (높을 고)　**사전적 의미**: 1. 뜻이 높고 고결함. 2. 거대한 대상을 마주했을 때 느끼는 경외감과 정신적 고양.

우리는 감히 범접할 수 없는 대자연이나 인간의 한계를 뛰어넘는 성자의 삶을 볼 때 숨이 막히는 경외감을 느낍니다. 숭고는 나라는 존재가 한없이 작게 느껴질 만큼 거대한 가치 앞에서 느끼는 정신적인 고양이며, 영혼이 한 단계 위로 끌어 올려지는 거룩한 전율입니다.

숭(崇)은 수많은 산봉우리(山) 중에서도 가장 높이 솟아 바라보기만 해도 고개가 뒤로 젖혀지는 영산을 뜻합니다. 고(高)는 성곽 위에 우뚝 솟은 누각의 모양으로 땅에서 멀리 떨어져 하늘과 맞닿아 있는 범접 불가능한 고결한 위치를 의미합니다.

어원으로 본 숭고는 산처럼 높고 누각처럼 우뚝 솟은 대상을 경건하게 우러러보는 것입니다. 대상과 나 사이에 존재하는 거대한 격차는 우리를 위축시키기보다 오히려 그 높이에 가닿고 싶다는 열망을 깨워 더 가치 있는 존재로 나아가게 만듭니다. 일상의 사소한 것들을 뒤로하고 저 높은 곳에 있는 절대적인 가치를 향해 고개를 드는 존경심이야말로 숭고가 가진 진정한 힘입니다.

교과 지문에서 숭고는 신의 섭리를 노래한 시나 죽음을 초월한 희생정신을 다룬 텍스트에서 압도적인 미의식으로 나타납니다. 화자가 대상을 자신보다 높은 존재로 설정하고 예찬하거나 대자연의 위대함 앞에 경건한 태도를 보일 때 숭고미가 성립합니다. 작가는 이러한 숭고함을 통해 독자가 세속적인 욕심을 벗어나 더 높은 차원의 진리를 직시하도록 유도하는 장치로 활용합니다.

여러분이 지향하는 삶의 가치 또한 숭고의 대상이 되어야 합니다. 바라보기만 해도 가슴이 뛰는 높은 산 같은 목적지를 마음속에 품고 한 걸음을 내딛는 순간, 지루하게 반복되던 일상은 거룩한 성장의 드라마로 변할 것입니다.

이 단어가 시험지에 나올 때

종교적 시나 대자연을 다룬 지문에서 화자와 대상 사이의 명확한 '수직적 거리감'이 느껴지는지 살피세요. 화자가 대상을 자신보다 월등히 높은 존재로 설정하고 경건하게 예찬한다면 숭고입니다. 대상 앞에 자신을 한없이 낮추는지 보세요.
미학 지문에서는 거대한 힘의 숭고와 조화로운 질서의 우아미를 자주 대비하여 출제합니다. 선택지에서 화자가 대상을 주관대로 통제하거나 대등하게 분석한다고 서술한다면 이는 우러러보는 숭고의 본질과 정반대되는 오답입니다.

20

승화(昇華)

낮은 고통을 태워 높은 예술로 날림

昇 (오를 승)·華 (빛날 화)　　**사전적 의미**: 1. 하위 차원의 욕구나 고통을 고귀한 정신적 활동으로 바꿈. 2. 고체가 액체를 거치지 않고 바로 기체로 변함.

문학 작품에서 가장 아름다운 순간은 주인공이 겪은 끔찍한 고통이 찬란한 예술이나 깊은 깨달음으로 변할 때입니다. 승화는 개인적인 슬픔을 원망이나 파괴로 끝내지 않고 그것을 에너지 삼아 더 높은 차원의 가치로 탈바꿈시키는 것입니다.

승(昇)은 해(日)가 떠올라 위(升)로 치솟는 모습으로 낮은 차원의 고통스러운 현실로부터 벗어나 고귀한 곳을 향해 비상하는 힘을 상징합니다. 화(華)는 화려하게 피어난 꽃을 뜻하며 단순히 올라가는 데 그치지 않고 그 끝에서 결실을 맺는 성취를 뜻합니다.

어원으로 본 승화는 흙바닥의 고통을 태워 하늘로 치솟고 그 끝에서 눈부신 꽃을 피워내는 변화입니다. 고통이 깊을수록 그 고통을 연료 삼아 피워낸 꽃은 더 향기롭고 찬란하게 빛나는 법입니다. 낮은 곳의 슬픔을 높은 곳의 아름다움으로 바꾸는 이 과정은 인간의 정신이 도달할 수 있는 가장 고결한 성숙의 단계입니다.

교과 지문에서 승화는 시련을 겪은 작가가 그것을 예술적 성취나 종교적 구도로 완성했을 때의 감상을 묻는 핵심 개념으로 등장합니다. 사별의 슬픔을 종교적 세계관으로 극복한 〈제망매가〉처럼 바닥의 슬픔이 초월적인 가치로 탈바꿈하여 고귀한 깨달음을 얻는 장면이 그 증거입니다. 작가는 이러한 승화의 과정을 통해 독자에게 시련 속에서도 꺾이지 않는 인간 영혼의 위대함을 전달하는 장치로 활용합니다. 따라서 지문 끝에서 인물이 원망을 멈추고 아름다운 시어나 보편적 진리를 길어 올리고 있는지 확인하는 것이 독해의 핵심입니다.

지금 겪는 뜨거운 시련은 여러분을 태워 없애는 불길이 아니라 가장 아름다운 모습으로 변신시키기 위한 뜨거운 에너지일 뿐입니다. 고통의 시간을 묵묵히 견디며 내면을 가꾼 사람만이 훗날 자신의 상처를 지혜라는 화려한 꽃으로 피워내게 될 것입니다.

■ 이 단어가 시험지에 나올 때 ■

인물이 시련 끝에 단순한 슬픔을 넘어 새로운 가치를 창출하거나 깨달음을 얻었는지 확인하세요. 고통을 회피하지 않고 오히려 이를 동력 삼아 시적 화합이나 예술적 성취로 도약하는 장면이 포착된다면 승화입니다.

현대시에서 자주 나오는 종교적 승화는 사별이나 이별을 절대적 진리를 통해 초월하는 방식으로 나타납니다. 선택지에서 화자가 현실의 고통에 좌절하거나 삶의 의지를 꺾는다고 서술한다면 이는 승화의 논리와 정반대되는 오답입니다.

21

미학(美學)
무엇이 왜 아름다운지 파헤치는 지성

美 (아름다울 미)·學 (배울 학)　**사전적 의미**: 1. 아름다움의 본질과 원리를 연구하는 학문. 2. 사물이나 현상에서 느껴지는 아름다움의 특징.

우리는 예쁜 풍경을 볼 때 아름답다고 말하지만 미학은 단순히 느끼는 감각을 넘어 무엇이 우리를 감동시키는지 논리적으로 파헤치는 태도입니다. 아름다움의 본질이 어디에 있는지 탐구하며 가치를 판단하는 학문적 영역이라 할 수 있습니다.

미(美)는 제사에 올릴 양(羊)이 크고(大) 실하여 보기 좋다는 뜻에서 유래하여 신성하고 온전한 상태가 주는 깊은 만족감과 가치 있는 대상을 상징합니다. 학(學)은 아이(子)가 배움의 집(宀)에서 원리를 깨우치는 과정으로 본능적인 감탄을 객관적인 지식과 체계적인 이론으로 승화시키는 지적인 노력을 뜻합니다.

어원으로 본 미학은 큰 가치의 원리를 배우고 깨닫는 고차원적인 사유의 과정입니다. 어떤 대상이 왜 아름다운지 그 내면의 근거를 논리적으로 설명할 수 있을 때 비로소 현상을 넘어선 본질의 아름다움에 가닿게 됩니다. 감각의 즐거움에 머물지 않고 그 이면에 숨은 질서와 가치를 탐구하여 삶을 입체적으로 이해하는 지혜를 갖추는 것이 미학의 핵심입니다.

교과 지문에서 미학은 예술 지문의 도입부에서 글의 논의 범주를 설정하거나 문학 비평의 틀을 제시할 때 쓰입니다. 숭고미나 비장미 같은 구체적인 미적 범주들이 모두 미학이라는 큰 지붕 아래에서 각기 다른 가치를 지향하며 존재합니다. 작가는 특정한 미학적 관점을 통해 작품 속 인물의 행위에 당위성을 부여하거나 독자가 지향하여야 할 고결한 삶의 태도를 제안합니다. 따라서 지문이 작품을 어떤 미학적 틀로 분석하고 있는지 확인하여야 합니다.

일상 속에서도 남들이 정해놓은 화려한 기준을 쫓기보다 나만의 미학을 정립해 보세요. 소박한 풍경 속에서 나만이 발견할 수 있는 고귀한 가치를 찾고 그 의미를 깊이 음미한다면 여러분의 하루는 거룩한 성장의 드라마로 변할 것입니다.

■ 이 단어가 시험지에 나올 때 ■

관조는 자연친화적인 시나 수필에서 감정을 절제하고 대상과 일정한 거리를 둔 화자의 어조를 일컫는 단골 정답입니다. 화자가 격정적인 감정을 드러내지 않고 눈앞의 풍경을 묘사하듯 담담하게 진술하고 있다면 이를 관조로 판단할 수 있습니다. 선택지에서 화자가 대상에 지나치게 밀착되어 주관적인 감정에 매몰되었다고 서술한다면, 이는 관조 특유의 거리감과 상충하는 오답입니다. 겉모습을 읊는 데 그치지 않고, 차분한 시선으로 대상의 내면적 의미를 응시하는지 판독하여야 합니다.

22

관조(觀照)
감정에서 물러나 고요한 눈으로 비춤

觀 (볼 관)·照 (비칠 조) **사전적 의미**: 1. 고요한 마음으로 사물이나 현상을 관찰하거나 비추어 봄. 2. 지혜로 사물의 참모습을 꿰뚫어 봄.

슬픈 영화를 보며 주인공과 함께 우는 것은 몰입이지만 눈물을 닦고 그 장면의 의미를 가만히 생각하는 것은 관조입니다. 대상에 너무 가까이 다가가 휘둘리지 않고 적절한 거리를 둔 채 고요한 마음으로 그 참모습을 빤히 바라보는 성숙한 태도입니다.

관(觀)은 황새(雚)가 높은 하늘에서 땅 위를 세밀하게 관찰하듯 (見) 사사로운 감정에 빠지지 않는 냉철하고 분석적인 시선을 상징합니다. 조(照)는 해(日)가 만물을 환히 비추듯 내 마음의 거울로 대상을 투명하게 비추어 보며 본질이 스스로 드러나게 기다리는 명상적인 깊이를 의미합니다.

어원으로 본 관조는 높은 곳에서 내려다보며 마음의 조명으로 대상을 환히 비추는 것입니다. 대상을 소유하려 하거나 섣불리 판단하지 않고 있는 그대로 바라볼 때 우리는 비로소 대상이 품은 진짜 목소리를 듣게 됩니다. 요동치던 감정을 가라앉히고 대상과 내가 평온하게 마주하는 이 상태는 인간이 도달할 수 있는 가장 정갈한 사유의 경지입니다.

교과 지문에서 관조는 자연친화적인 시나 수필에서 화자가 대상을 대하는 핵심적인 어조이자 태도로 등장합니다. 화자가 담담하게 진술하는 장면이 관조의 전형적인 모습입니다. 작가는 이러한 관조적 시선을 통해 독자가 현상 이면의 이치를 깨닫게 하거나 삶의 고통을 객관화하여 바라보도록 유도하는 장치로 활용합니다. 따라서 화자의 정서가 직접적으로 폭발하는지, 일정한 거리를 둔 채 차분하게 응시하고 있는지 판별하여야 합니다.

시험 점수나 인간관계 때문에 마음이 흔들릴 때 나 자신을 멀찍이서 바라보는 관조의 힘을 발휘해 보세요. 고통의 한복판에서 잠시 빠져나와 높은 하늘을 나는 새처럼 지금의 상황을 객관적으로 관찰할 때 어떤 위기 속에서도 흔들리지 않을 수 있습니다.

자연친화적인 시나 수필에서 감정을 절제하고 대상과 거리를 둔 화자의 어조를 묻는 단골 정답입니다. 화자가 슬퍼하거나 분노하지 않고 마치 풍경을 묘사하듯 담담하게 진술하고 있다면 그것은 관조입니다.
단순한 관찰이 외형적 나열이라면 관조는 대상의 본질을 비추어 내면의 깨달음을 얻는 과정까지 포함합니다. 선택지에서 화자가 대상에 밀착되어 주관적 감정에 매몰되었다고 서술한다면 이는 관조의 거리감과 반대되는 오답입니다.

23

상징(象徵)
보이지 않는 뜻을 작은 물건에 담음

象 (코끼리 상)·徵 (부를 징) **사전적 의미**: 1. 추상적인 개념을 구체적인 사물로 나타냄. 2. 사회적 약속에 의해 지시 대상에 의미를 부여함.

사물은 자기 이름보다 더 큰 의미를 가슴에 품고 나타날 때가 많으며 비둘기가 평화를, 별이 양심을 뜻하는 것이 대표적입니다. 상징은 눈에 보이지 않는 추상적인 가치를 눈에 보이는 구체적인 사물이라는 그릇에 담아 전달하는 문학적 약속입니다.

상(象)은 코끼리가 사라진 뒤 남겨진 뼈를 통해 본래 모습을 그려보듯 실체가 없더라도 구체적인 형상을 통해 본질을 떠올리게 만드는 시각적 매개체입니다. 징(徵)은 흩어진 조각들을 모아 하나의 진실을 호출하듯(召) 겉으로 드러난 작은 신호를 통해 숨겨진 커다란 의미를 머릿속으로 불러내는 행위를 의미합니다.

어원으로 본 상징은 구체적인 형상을 통해 숨은 가치를 불러내는 지적인 호출 과정입니다. 작가는 눈에 보이는 유한한 사물을 빌려와 눈에 보이지 않는 무한한 철학적 관념을 담아내며 정서적 깊이를 형성합니다. 상징을 읽는 눈을 가지면 문장의 표면 아래에 숨겨진 거대한 의미의 바다를 발견하게 되며, 사물의 외피를 넘어 존재의 본질과 마주하는 통찰을 얻게 됩니다.

교과 지문에서 상징은 현대시나 소설에서 시어의 함축적 의미를 묻는 문제의 핵심 키워드로 등장합니다. 상징은 직접 설명하지 않고 사물만 던져두기에, 예를 들어 지문 속 거울이 일제 강점기라는 거대한 역사적 맥락을 불러내고 있는지 문맥을 통해 판독하여야 합니다. 작가는 이러한 상징물을 활용하여 주제를 집약적으로 드러내고 독자에게 풍부한 해석의 여백을 제공하는 장치로 활용합니다.

가끔은 나를 대표할 수 있는 나만의 상징을 하나 정하여 운동화 한 켤레에서 멈추지 않는 도전을 떠올려 보세요. 별것 아닌 물건에 특별한 의미를 담아두면 마음이 흔들리는 순간마다 그 상징이 여러분을 다시 단단하게 붙잡아줄 것입니다.

현대시 지문에서 상징은 비유와 달리 원관념을 숨기고 보조관념만 제시하므로 지문 속 사물이 어떤 역사적 맥락이나 추상적 가치를 불러내고 있는지 살펴야 합니다. 이면의 의미가 문맥과 연결되는지 확인하여 정답을 판독하세요.
문학 이론에서는 인류 공통의 원형적 상징과 사회적 약속인 관습적 상징을 구분하여 출제합니다. 선택지에서 시어의 사전적 정의에 충실하게 해석하여야 한다고 서술한다면 이는 상징의 함축성을 무시한 대표적인 오답입니다.

24

환유(換喩)
전체를 대표하는 조각으로 정체를 대신함

換 (바꿀 환)·喩 (깨우칠 유)　**사전적 의미**: 표현하려는 사물과 밀접한 관계에 있는 다른 사물을 빌려 이름을 바꾸어 표현함.

"펜은 칼보다 강하다"라는 문장을 들으면 우리는 펜이 글을, 칼이 무력을 뜻한다는 것을 즉각 알게 됩니다. 이처럼 대상 전체를 부르는 대신 밀접한 관계가 있는 일부분이나 속성을 빌려와 표현하는 비유법을 환유라고 합니다.

환(換)은 손(手)으로 구슬을 주고받으며 바꾸는 모습으로 대상을 그대로 두지 않고 그것을 가장 잘 나타내는 대표적인 조각과 자리를 맞바꾸는 것을 상징합니다. 유(喩)는 입(口)으로 말하여 남을 깨우치듯(兪) 직접적인 설명 대신 빗대어 말함으로써 스스로 의미의 연결 고리를 찾아 정답에 도달하게 만드는 장치입니다.

어원으로 본 환유는 핵심이 되는 조각으로 전체를 바꾸어 의미를 깨우치는 고도의 심리적 교체 작업입니다. 작가가 수많은 조각 중 굳이 하나를 선택하는 이유는 그 부분이 대상의 본질적인 성격이나 비판 지점을 가장 날카롭게 응축하고 있기 때문입니다. 전체를 다 보여주지 않아도 특징 하나로 실체를 연상시키는 이 기법은 정보의 경제성을 살리는 동시에 대상에 대한 강렬한 인상을 남기는 지적인 전이 과정입니다.

교과 지문에서 환유는 표현상의 특징을 묻는 문제에서 은유와 함께 선택지에 자주 등장합니다. "청와대의 발표"라고 할 때 청와대가 정부라는 조직 전체를 대신하는 것처럼 장소나 소유물로 주체를 바꾸어 부르는 사례가 대표적입니다. 작가는 이러한 환유적 표현을 통해 대상을 구체화하거나 특정 속성을 강조하여 독자의 인식을 환기하는 장치로 활용합니다.

친구들과 수행평가를 하거나 운동 경기를 할 때 환유의 지혜를 발휘하여 누군가에게 팀의 엔진이라고 말해 보세요. 그러면 그 친구는 단순히 팀원 중 한 명이 아니라 팀을 움직이는 가장 핵심적인 존재로 다시 태어날 것입니다.

■■■■■■ 이 단어가 시험지에 나올 때 ▶

표현상의 특징을 묻는 문제에서 닮은꼴을 찾는 은유와 관계성으로 단어를 바꾸는 환유를 섞어 함정을 팝니다. '내 마음은 호수'라는 표현은 두 대상이 닮았기 때문이지만 요람에서 무덤까지는 탄생과 죽음의 인접성 때문입니다.
특정 구절의 의미를 물을 때 환유가 쓰였다면 대상의 외형적 유사성을 활용했다는 서술은 잘못된 설명입니다. 표현이 장소와 주체 혹은 특징과 전체의 밀접한 관계를 통해 의미를 교체하고 있는지 살피는 것이 중요합니다.

25

형상(形象)
막연한 생각을 만져질 듯 구체화함

形 (모양 형)·象 (모양 상)　**사전적 의미**: 1. 사물의 생긴 모양이나 상태. 2. 추상적인 것을 구체적인 꼴로 나타냄.

머릿속에만 맴도는 추상적인 감정이나 사상은 눈에 보이지 않지만 이를 시각적으로 확실히 볼 수 있게 나타내는 과정을 형상이라고 부릅니다. 예술가가 흙을 빚어 조각상을 만들듯 작가는 언어를 정밀하게 조탁하여 관념에 구체적인 몸을 입히는 창조적 작업을 수행합니다.

형(形)은 평평한 틀(开) 옆에 붓을 긋는 모습(彡)이 합쳐진 것으로 흐릿하던 생각에 뼈대를 세우고 외곽선을 그려 넣어 실체로 고정하는 작업을 뜻합니다. 상(象)은 거대한 코끼리의 전체적인 자태를 본뜬 글자로 마음에 짠 틀(形)에 입체적인 생동감을 부여하여 코끼리가 눈앞에 서 있는 것처럼 만드는 행위입니다.

어원으로 본 형상은 생각에 틀을 짜고 실물처럼 구체적인 모습을 입히는 사유의 실체화 과정입니다. 보이지 않는 관념을 감각

가능한 상태로 빚어낼 때 독자는 메시지를 자신의 감각으로 생생하게 체험하며 그 진심에 가닿게 됩니다. 흐릿한 경계에 외곽선을 그려 넣어 입체적인 실체를 부여하는 이 작업은 추상의 세계를 구상의 세계로 건너오게 만드는 변모 과정입니다.

교과 지문에서 형상은 시 비평의 추상적 관념의 구체화라는 선택지의 근거로 가장 많이 쓰입니다. 작가가 비유나 감각적 묘사를 통해 보이지 않는 감정에 형체를 부여했다면 그것은 이미 성공적인 형상화가 이루어진 것으로 판독하여야 합니다. 작가는 이러한 형상화를 통해 주제를 형상화하거나 인물의 심리를 가시화하여 독자가 작품의 정서에 더 깊이 몰입하도록 유도합니다.

막연한 미래가 불투명하게 느껴질 때 여러분의 꿈을 구체적인 형상으로 그려보세요. 성공하고 싶다는 추상적인 생각 대신 내가 일하게 될 공간의 공기와 사람들과 나누는 대화까지 세밀하게 묘사한다면 막연했던 결심은 행동을 이끄는 에너지가 됩니다.

이 단어가 시험지에 나올 때

시 비평 지문에서 추상적 관념의 구체화라는 진술이 나오면 반드시 형상화 여부를 확인하세요. 보이지 않는 고독을 차가운 금속성 소리로 표현하는 것처럼 관념에 틀을 잡고 실체를 부여했다면 이는 정답입니다.
현대 소설 지문에서는 인물의 내면을 추상적으로만 나열하고 있다는 서술을 주의 깊게 살피세요. 이는 구체적인 몸을 빚어내는 형상의 원리와 반대되는 오답인 경우가 많으므로 인물의 성격이 대화나 행동이라는 틀로 그려졌는지 대조하여야 합니다.

26

추상(抽象)
껍데기를 빼고 핵심 선과 면만 남김

抽 (뽑을 추)·象 (모양 상)　**사전적 의미**: 1. 사물에서 공통된 속성을 뽑아내어 파악함. 2. 형태를 단순화하거나 해체하여 본질을 표현함.

수많은 사물은 제각각 다른 모양을 하고 있지만 그들 사이에서 공통된 특징만을 쏙 골라내어 하나의 일반적인 개념으로 만드는 작업이 추상입니다. 껍데기를 다 버리고 마지막까지 남는 핵심적인 알맹이만을 추출하여 세상을 이해하는 사고 기술입니다.

추(抽)는 무성한 덤불 속에서 모든 현상의 원인이 되는 뿌리만을 손(扌)으로 쏙 골라 뽑아내는(由) 동작으로 겉무늬가 아닌 근본을 끄집어내는 것을 뜻합니다. 상(象)은 코끼리의 거대한 형체를 뜻하며 추상은 사물의 모습 중에서 지엽적인 껍데기는 과감히 버리고 그 사물을 그 사물답게 만드는 본질적인 뼈대만을 손으로 직접 뽑아내는 과정입니다.

어원으로 본 추상은 사물의 전체 모습에서 핵심 본질만 뽑아내는 것입니다. 수많은 개별적 존재에서 공통점을 추출해 보편적인 이름을 붙이는 추상의 힘을 통해 세상을 관통하는 커다란 원리를 단숨에 이해하는 지적인 도약을 경험하게 됩니다. 파편화된 사실들에 매몰되지 않고 이를 하나의 응축된 가치로 묶어내는 과정은 인간 사유가 지닌 가장 무기 중 하나입니다.

교과 지문에서 추상은 철학 지문의 개념화 및 일반화 과정을 설명하거나 예술 지문의 미적 양식을 다룰 때 등장합니다. 지문 속 인물이 여러 구체적 사례를 분류하며 하나의 보편적인 명칭을 부여하고 있다면 고도의 추상화 작업이 진행되고 있음을 인지하여야 합니다. 작가는 이러한 추상을 통해 복잡한 현실을 단순 명료하게 정리하거나 대상의 본질적 의미를 선명하게 부각시킵니다.

정보가 쏟아지는 일상 속에서도 주변의 시선이라는 껍데기를 걷어내고 나에게 가장 중요한 본질이 무엇인지 쏙 뽑아내는 추상의 지혜가 필요합니다. 복잡한 상황을 단순한 가치로 응축할 줄 아는 사람은 어떤 혼란 속에서도 길을 잃지 않습니다.

철학 지문에서 개념화 및 일반화 과정을 설명할 때 본질을 찾기 위해 지엽적인 특성을 버리는지 살피세요. 여러 사례에서 보편적인 이름을 뽑아내고 있다면 추상화가 진행 중인 것으로 판독하여야 합니다.

예술 지문에서는 세밀한 묘사를 통해 추상성을 높였다는 서술을 대표적인 오답 함정으로 제시합니다. 추상은 덜어냄을 통해 본질의 뼈대만 남기는 과정이므로 묘사가 구체적일수록 추상성과는 멀어짐을 간파하여야 합니다.

27

여백(餘白)

다 채우지 않아 무한한 뜻을 담는 곳

餘 (남을 여)·白 (흰 백)　　**사전적 의미**: 1. 종이에 글이나 그림을 남기고 남은 빈 곳. 2. 행동이나 생각에 남겨진 여유로운 틈.

완벽한 그림은 모든 칸을 색으로 꽉 채운 그림이 아니라 아무것도 그리지 않고 비워둔 자리가 감동의 깊이를 더할 때가 많습니다. 여백은 단순히 빈 곳이 아니라 작가가 모든 것을 말해버리지 않고 독자의 상상력과 감정이 머물 수 있도록 남겨둔 지혜로운 숨구멍입니다.

여(餘)는 음식을 배불리 먹고도 넉넉히 남아 있는 풍요로운 상태를 의미하며 답답하게 꽉 짜인 구조에서 벗어나 무언가를 더 담을 수 있는 마음의 여유를 뜻합니다. 백(白)은 해가 떠올라 세상을 환하게 비추듯 깨끗하고 하얀 바탕을 마련하는 것으로 인위적인 장식을 걷어내고 대상 본연의 빛을 드러내는 토대가 됩니다.

어원으로 본 여백은 다 쓰지 않고 남겨둔 하얀 바탕이자 채워지지 않음으로써 완성되는 미학적 공간입니다. 인위적인 장식이나 설명을 멈춘 자리에 마련된 이 비어 있는 공간은 대상의 본질이 스스로 숨 쉴 수 있는 여유를 제공하며 존재의 가치를 더욱 선명하게 부각합니다. 다 말하지 않음으로써 오히려 더 많은 의미가 생성되는 역설의 장소인 셈입니다.

교과 지문에서 여백은 현대시의 말줄임표나 소설의 열린 결말을 설명하는 서술상의 특징으로 자주 등장합니다. 작가는 정보를 의도적으로 생략함으로써 독자의 능동적인 참여를 유도하고 작품의 여운을 극대화하는 장치로 활용합니다. 따라서 지문의 비어 있는 자리가 정보 전달의 미흡인지 아니면 주제를 효과적으로 부각하기 위한 의도적 비움인지 그 미적 기능을 파악하여야 합니다.

하루 중 단 10분이라도 아무것도 하지 않고 생각을 되새길 수 있는 시간의 여백을 스스로에게 선물해 보세요. 하얀 종이 위에 잉크가 번지듯 생각의 여운이 마음속에 충분히 스며들 때, 억지로 외운 지식은 삶의 중심을 잡아 주는 지혜로 숙성될 것입니다.

■ 이 단어가 시험지에 나올 때 ■

현대시의 말줄임표나 소설의 열린 결말을 설명하는 키워드입니다. 출제자는 정보 전달의 미흡으로 작품의 완성도가 낮다는 식의 선택지로 오답을 만드는데 문학에서 여백은 독자의 참여를 유도하는 의도적 장치입니다.
예술 비평 지문에서는 여백이 배경의 일부일 뿐 주제와 무관하다는 진술을 주의하세요. 이는 비움의 미학을 무시한 오답이며 비어 있는 바탕이 남겨진 형상과 긴장감을 형성하여 주제를 얼마나 효과적으로 부각하는지 살피는 것이 중요합니다.

28

조화(調和)

다른 소리가 만나 하나의 노래가 됨

調 (고를 조)·和 (화할 화) **사전적 의미**: 1. 서로 잘 어울림. 2. 부분과 부분이 모순되지 않고 통일된 전체를 이룸.

서로 다른 높낮이와 음색을 가진 소리들이 자기 자리를 지키며 아름답게 어우러지는 상태를 조화라고 합니다. 이는 충돌과 갈등을 넘어 서로의 다름을 인정하고 하나의 거대한 통일성을 완성하는 최상의 질서이자 성숙한 관계의 결정체입니다.

조(調)는 악기의 줄을 고르게 맞추듯 내 말의 톤과 내용을 주변 상황에 두루(周) 맞추어 어느 한쪽으로 치우치지 않게 세밀하게 조율하는 작업을 뜻합니다. 화(和)는 수확한 곡식을 입(口)에 넣어 모두가 함께 나누어 먹는 넉넉한 풍경으로 서로 다른 목소리들이 날카롭게 충돌하지 않고 부드럽게 섞이는 상태를 의미합니다.

어원으로 본 조화는 가락을 고르게 조율하고 따뜻하게 어우러지는 것입니다. 제각각이던 실들이 엮여 아름다운 비단이 되듯 조화로운 세계에서는 작은 조각들이 모여 전체라는 더 큰 가치를 빛내게 됩니다. 갈등하던 인물이 극적으로 화해하거나 자연과 인간이 하나로 섞이는 물아일체의 경지는 조화가 보여주는 최고의 미학입니다.

교과 지문에서 조화는 문학의 주제 의식이나 예술 지문의 핵심 미적 가치를 설명하는 단골 정답으로 등장합니다. 출제자는 주로 대립하던 요소들이 통일을 이루거나 인간의 정서와 자연 풍경이 긴밀하게 융합되는 장면을 조화의 관점에서 묻습니다. 작가는 이러한 조화를 통해 갈등이 해소된 평화로운 상태를 지향하거나 구성 요소들이 각자의 개성을 유지하며 어우러지는 이상적인 질서를 강조하는 장치로 활용합니다.

나와 성격이 정반대인 친구를 밀어내기보다 서로의 다름을 인정하며 각자의 색깔을 겹쳐보는 지혜를 발휘해 보세요. 불협화음처럼 들리던 목소리들이 조율을 거쳐 하나의 교향곡으로 거듭나듯 우리의 관계도 차이를 받아들일 때 더욱 깊어질 것입니다.

이 단어가 시험지에 나올 때

문학 지문에서 대립의 통일이나 갈등의 해소를 다룰 때 선택지의 핵심 근거로 쓰입니다. 인물들이 차이를 인정하고 손을 잡거나 시에서 정서와 풍경이 긴밀하게 융합되는 장면이 보인다면 조화입니다.

사회 지문에서 개인과 공동체의 조화를 다룰 때 특정 요소의 일방적인 희생을 강조한다면 이는 오답입니다. 조화는 각자의 개성이 고르게 유지되면서 전체와 어울리는 평화로운 상태를 전제로 하기 때문입니다.

사회와 경제 지문은 우리 삶을 지탱하는 '거대한 시스템'을 다룹
니다. 경제 지문의 그래프와 법 지문의 까다로운 조항들이 암호처
럼 느껴지는 이유는 그 시스템을 설명하는 기초 어휘가 흐릿하기
때문입니다. 단어의 속뜻을 모르면 출제자가 설계한 정교한 이익
의 규칙을 결코 판독할 수 없습니다.

3장에서 다룰 단어들은 복잡한 사회 현상을 명쾌한 논리로 치환
해 주는 '분석의 창'입니다. 시장이 어떻게 움직이고 법이 개인을
어떻게 보호하는지 그 원리를 단어로 이해하면, 아무리 긴 지문이
라도 정답을 향한 길목이 훤히 열립니다. 이제 세상을 움직이는
가장 강력하고 합리적인 '시스템의 언어' 속으로 들어가 봅시다.

비문학·사회

사회의 이해관계와
작동 원리를 읽는 한자어

29

공리(公利)

모두의 행복을 위해 파이를 키우는 법

公 (공평할 공)·利 (이로울 리) **사전적 의미**: 1. 공공의 이익. 2. 행위의 목적과 선악의 기준을 공공의 이익에 두는 원리.

우리는 종종 개인의 작은 만족보다 우리 모두가 누릴 커다란 혜택인 공리를 우선하여야 하는 상황을 마주합니다. 나 혼자의 이익을 잠시 내려놓고 공동체 전체의 풍요를 선택할 때, 비로소 사회는 더 나은 방향으로 나아갈 동력을 얻게 됩니다.

공(公)은 사사로운 욕심을 뜻하는 글자를 등지고 공평하게 나눈다는 뜻을 담고 있습니다. 어느 한쪽으로 치우치지 않는 마음으로 모두가 공유하는 공공의 가치를 세우는 상징입니다. 리(利)는 벼를 날카로운 칼로 베어 수확하는 모습에서 유래하여, 구체적이고 실질적인 결실을 뜻합니다.

어원으로 본 공리는 개인의 욕심을 내려놓고 모두를 위해 실제적인 결실을 나누는 원리입니다. 공동체 전체의 행복이라는 커다란 파이를 키우는 것이 가장 합리적이고 가치 있는 선택이라고 믿는 태도이죠. 개인의 이익이 사회 전체의 유익과 기분 좋게 맞닿을 때, 그 사회는 갈등을 넘어 함께 성장하는 방향으로 나아가게 됩니다.

사회 지문에서 공리는 전체의 행복을 위해 사람들의 만족도를 최대한으로 끌어올리는 근거로 등장합니다. 지문이 소수의 손해를 감수하더라도 다수의 이득을 선택하는 논리를 펼친다면 이는 전형적인 공리주의 관점이 작동하는 셈입니다. 경제 지문에서는 자원을 낭비 없이 나누어 사회 전체의 몫을 키우는 방식을 설명할 때 이 단어가 핵심 열쇠가 되므로, 필자가 개인의 이익보다 공공의 이익을 강조하는지 그 논리의 무게중심을 읽어내야 합니다.

사익보다 공공의 이익을 강조하는 논리를 읽어내듯, 공부의 목적을 나만의 성공이라는 좁은 울타리 너머로 조금만 넓혀보세요. 내가 오늘 익힌 지식이 훗날 사회의 아픈 곳을 치료하고 세상을 더 따뜻하게 만들 수 있다고 상상해 보기 바랍니다.

사회 지문에서 이 단어를 만나면 '사회 전체의 효율성'이나 '총이익의 합산'이라는 키워드를 떠올려야 합니다. 지문이 다수의 행복을 위해 소수의 희생을 정당화하는 논리를 보인다면, 이는 공리의 원리가 작동하고 있음을 보여주는 단서입니다. 경제 지문에서는 개인의 권리와 공공의 이익이 충돌할 때 이를 해결하는 잣대로 등장합니다. 선택지에서 "사회 전체의 효용 극대화"를 강조하는 진술이 나온다면, 이는 개별적인 사익보다 공공의 혜택을 우선시하는 판독이 정답임을 의미합니다.

30

효용(效用)
내 선택이 준 만족감을 측정하는 수치

效 (보람 효)·用 (쓸 용)   **사전적 의미**: 1. 보람 있게 쓰임. 또는 그런 용도. 2. 인간의 욕망을 만족시킬 수 있는 재화의 능력.

우리는 매 순간 무언가를 선택하며 그 결과가 내게 줄 즐거움의 크기를 가늠하곤 합니다. 투입한 자원이나 에너지가 헛되지 않고 마음의 흡족함으로 되돌아올 때, 즉 효용이 클 때 우리는 비로소 그 선택이 가치 있었다고 믿게 됩니다.

효(效)는 어떤 힘을 가하여 기대했던 결과와 마주하게 되는 보람을 뜻합니다. 내가 들인 비용이나 노력에 합당한 결과가 나타나는 상태를 의미하며 뿌린 대로 거두는 구체적인 성과를 상징합니다. 용(用)은 물건이나 도구를 목적에 맞게 실제로 사용하는 구체적인 실행을 뜻합니다. 대상을 현실 속으로 끌어들여 직접 다루고 경험하는 능동적인 태도를 담고 있습니다.

어원으로 본 효용은 물건을 실제로 사용(用)한 뒤에 마음속에서 일어나는 보람과 만족(效)의 상태입니다. 이는 눈에 보이는 숫자로 딱 정해진 것이 아니라 나의 상황에 따라 시시각각 변하는 마음의 크기라 할 수 있죠. 결국 한정된 자원을 활용해 마음의 즐거움을 최대한으로 끌어올리려는 지혜로운 목표라고 할 수 있습니다.

경제 지문에서 효용은 소비자가 자신의 만족을 채우기 위해 돈과 시간을 어디에 쓸지 결정하는 가장 중요한 이유로 등장합니다. 지문은 주로 물건을 더 많이 가질수록 새로 얻는 기쁨은 점차 줄어든다는 '한계효용 체감'의 원리를 통해 우리의 선택 과정을 설명하죠. 작가는 이 주관적인 만족감을 숫자로 바꾸어 가장 이득이 되는 선택의 범위를 찾아내므로 독자는 변화하는 만족감의 크기를 정확히 추적하여야 합니다.

변곡점을 맞이하는 효용을 판독하듯 매일의 시간 관리도 효용의 지혜가 필요합니다. 단순히 책상 앞에 오래 앉아 있는 양에 집착하기보다 지금 내 컨디션에서 공부했을 때 가장 큰 성취감을 얻을 수 있는 과목을 먼저 선택하는 유연함을 발휘해 보세요.

경제 지문에서 '소비자 선택 원리'를 설명할 때의 키워드입니다. 출제자는 효용이 주관적임에도 객관적 수치인 양 함정을 설계하곤 하죠. 한계효용이 언급되면 물건을 추가할 때마다 만족의 세기가 어떻게 변하는지 그 방향성을 판독하여야 합니다. 사회 지문에서는 공리와 연결되어 효용의 합산 문제로 자주 출제됩니다. 지문에 "사회적 효용 극대화"라는 표현이 나오면 개개인의 만족을 더해 최대 결과값을 만드는 선택지를 반드시 대조하세요.

(31)

매몰(埋沒)
과거 비용에 현재의 발목을 잡히는 늪

埋 (묻을 매)·沒 (잠길 몰)   **사전적 의미**: 1. 물건이 파묻히거나 파묻음. 2. 보이지 않게
뒤섞여 버림.

　이미 손을 떠난 과거의 자원에 집착하느라 현재의 더 나은 기
회를 놓쳐버리는 안타까운 상황이 있습니다. 되돌릴 수 없는 것에
마음을 빼앗기는 순간, 즉 매몰의 늪에 빠지면 우리의 판단력은
서서히 마비되어 합리적인 길로부터 멀어지게 됩니다.

　매(埋)는 흙 속에 물건을 깊이 넣고 위를 덮어 마을의 땅 아래
에 고립시킨 모습입니다. 한번 묻힌 것은 큰 노력을 들이지 않고
서는 다시 꺼낼 수 없는 영구적인 고착 상태를 상징합니다. 몰(沒)
은 소용돌이치는 물속으로 깊이 가라앉아 시야에서 완전히 사라
진 상태를 의미합니다. 이전의 상태로 되돌릴 수 없는 불가항력적
인 소멸의 지점을 담고 있습니다.

　어원으로 본 매몰은 땅에 묻히고(埋) 물에 잠겨(沒) 영영 사라
져 버려 되돌릴 수 없는 상태입니다. 이는 내가 어찌할 수 있는 범

위를 완전히 벗어나 버린 자원을 뜻하며, 다시는 되찾을 수 없는 시간과 물건의 흔적이라 할 수 있죠. 과거의 조각을 붙잡으려는 미련을 끊어내고 오직 현재와 미래의 이득만을 따지는 냉철한 판단이 필요한 이유입니다.

경제 지문에서 매몰은 합리적인 결정을 방해하는 '매몰 비용'으로 등장하여 우리가 왜 엉뚱한 선택을 하는지 설명하는 도구가 됩니다. 지문은 이미 써버려서 다시 돌려받을 수 없는 돈이나 시간은 현재의 선택지에서 과감히 지워야 한다는 점을 강조하곤 하죠. 작가는 이 묻혀버린 가치가 현재의 판단을 흐리게 만드는 심리적 실수를 지적하므로 독자는 돈을 다시 되찾을 수 있는지 없는지를 기준으로 정보를 나누어야 합니다.

과거의 자원을 명확히 분류하듯 나에게 맞지 않는 공부법이나 교재를 단지 '지금까지 해온 게 아까워서' 억지로 붙들고 있지는 않은지 돌아보세요.

이 단어가 시험지에 나올 때

경제 지문에서 '합리적 의사결정'을 다룰 때 쓰이는 소재입니다. 출제자는 매몰 비용을 미래 설계 고려 대상에 포함하여야 한다는 오답을 설계하곤 하죠. 매몰 비용은 회수 불가능하기에 선택 기준에서 제외하여야 함을 판독의 원칙으로 삼아야 합니다. 사회 지문에서는 '매몰 비용 오류'를 통해 비합리성을 꼬집습니다. 쏟아부은 게 아까워 가망 없는 일에 매달리는 사례가 나온다면 매몰의 늪입니다. 과거 투자가 현재 판단을 흐리게 한다면 이는 사라진 것에 집착하는 본질을 파헤친 판독입니다.

32

합리(合理)
이치의 잣대로 가장 이득인 길을 선택

合 (합할 합)·理 (다스릴 이) **사전적 의미**: 1. 이치나 논리에 알맞음. 2. 목적 달성을 위해 가장 적절한 수단을 선택하는 태도.

우리는 삶의 수많은 선택지 앞에서 무엇이 나에게 가장 큰 보람과 이익을 줄지 고민하곤 합니다. 감정에 치우치지 않고 객관적인 이치의 결을 따라 가장 효율적인 경로를 찾아낼 때, 우리의 행동은 비로소 목적을 향한 단단한 질서인 합리를 갖게 됩니다.

합(合)은 그릇과 뚜껑이 빈틈없이 딱 맞물린 모습에서 유래했습니다. 어느 한곳도 어긋나지 않고 정해진 틀에 완벽하게 들어맞는 상태를 뜻합니다. 이(理)는 원석인 옥을 갈고 닦아 숨어있던 결을 아름답게 드러내는 모습에서 판단의 기준을 세우는 역할을 합니다. 자연의 결을 거스르지 않고 순리대로 다듬어가는 어긋남 없는 이치를 형상화한 글자입니다.

어원으로 본 합리는 세상의 이치(理)에 나의 생각과 행동을 딱 맞게(合) 일치시키는 상태입니다. 내가 목표로 하는 것을 이루기 위해 가장 적절한 방법을 고르려는 똑똑한 조절이며, 가진 조건 안에서 최소한을 투자해 최대한의 결과를 얻으려는 태도입니다. 내가 처한 상황을 냉정하게 따져 보고, 누구나 고개를 끄덕일 만한 당연한 이치에 어긋나지 않게 가장 좋은 길을 설계하는 것이 합리의 본질입니다.

경제 지문에서 합리는 모든 사람이 자신의 이득을 가장 크게 만들기 위해 계산하며 행동한다는 기본 약속으로 등장합니다. 지문은 주로 내가 얻는 이익이 들어가는 비용보다 큰 상태를 선택하는 과정을 통해 인간이 어떻게 최선의 답을 찾아내는지 설명하죠. 독자는 필자가 세워둔 '최선의 기준'이 무엇인지 포착하여야 합니다.

데이터가 가리키는 유리한 선택지를 판독하듯 공부에서도 무작정 성실한 것보다 합리적인 전략을 세우는 것이 중요합니다. 모든 내용을 똑같은 힘으로 외우기보다 무엇이 중요한지 그 이치를 먼저 파악하고 거기에 맞춰 나의 시간과 노력을 배분해 보세요.

이 단어가 시험지에 나올 때

경제 지문에서 '합리적 경제인'의 가정을 설명할 때 쓰이는 개념으로, 출제자는 인간의 심리적 요인에 따른 비합리성을 언급하며 모델의 한계를 묻습니다. 최적의 선택이나 순편익 극대화라는 표현이 보이면 합리의 실천 모습임을 즉각 판독하세요. 사회 지문에서는 절차의 적절성을 따지는 형식적 합리성과 결과의 가치를 따지는 실질적 합리성을 구분하여 그 차이를 묻는 문제가 자주 출제됩니다. 효율성만 따지는 태도를 비판한다면 합리의 범위를 어디까지 설정할지 묻는 논쟁입니다.

(33)

상충(相衝)

두 이익이 길 위에서 정면으로 들이받음

相 (서로 상)·衝 (찌를 충)　**사전적 의미:** 1. 맞부딪침. 또는 서로 어긋남. 2. 상반되는 두 권리나 조항이 서로 부딪침.

사회라는 거대한 그물망 속에서 우리는 서로 다른 가치나 권리가 한 지점에서 날카롭게 맞물리는 순간을 목격하곤 합니다. 어느 한 쪽이 물러서지 않으면 해결되지 않는 대립인 상충은, 집단 간의 이해관계나 법적 조항 사이에서 불꽃 튀는 긴장감을 형성합니다.

상(相)은 나무와 눈이 마주 보고 있는 모습에서 유래하여, 두 세력이 길목에서 서로 마주 서서 상대의 움직임을 살피는 대치 상황을 상징합니다. 충(衝)은 사방으로 통하는 길 한가운데서 무거운 무게를 지닌 존재들이 속도를 줄이지 않고 정면으로 맞붙는 폭발력을 의미합니다.

어원으로 본 상충은 서로(相) 마주 보고 정면으로 세게 부딪치는(衝) 상태입니다. 이는 반대되는 두 힘이 한곳에서 조화를 이루지 못하고 서로를 밀어내며 어긋나는 것을 뜻하죠. 타협점을 찾기 전까지는 좁은 길에서 만나 어느 쪽도 비켜서지 않는 긴박한 모습이며, 하나의 가치를 지키기 위해 다른 가치를 포기하여야만 하는 피할 수 없는 갈등의 모습을 담고 있습니다.

정책이나 행정 지문에서 상충은 서로 다른 집단의 이익이 부딪쳐 합의가 어려운 상황을 설명하는 핵심 단어로 등장합니다. 지문은 주로 환경 보존과 경제 개발처럼 하나를 얻으면 다른 하나를 잃게 되는 '상충 관계(Trade-off)'를 통해 정책 결정의 어려움을 다루곤 하죠. 작가는 이 충돌을 해결하기 위해 내놓은 법적인 근거나 어떤 것을 더 중요하게 여겼는지 그 기준을 강조하므로, 독자는 대립하는 두 세력이 각각 무엇인지 명확히 구분하여야 합니다.

정면으로 들이받는 가치의 방향성을 판독하듯 친구와의 의견 차이나 나의 이익과 타인의 권리가 만날 때 냉정하게 상황을 살피는 지혜가 필요합니다. 무조건 내 주장만 앞세워 상대의 영역을 침범하기보다 서로 부딪히는 지점이 어디인지 인지하여야 합니다.

정책 지문에서 목표 간의 모순을 설명할 때 등장하며, 출제자는 두 요소가 서로 돕는 상호 보완 관계라는 식의 오답을 설계합니다. 하나를 얻기 위해 다른 하나를 포기하여야 하는 구조라면 상충의 상황임을 인지해 선택지의 모순을 가려내야 합니다.
법학 지문에서는 대등한 두 기본권이 충돌하는 상황을 다루며 법원이 제시하는 상위의 가치나 판단 기준을 찾게 합니다. 두 권리가 마찰 없이 병행된다고 서술한다면 이는 상충을 전제한 지문의 논리와 어긋나는 오답임을 즉각 판독하여야 합니다.

34

보전(補塡)

구멍 난 손실을 메워 원래로 되돌림

補 (기울 보)·塡 (메울 전) **사전적 의미**: 1. 부족한 부분을 보태어 채움. 2. 손실이나 결원을 메움.

예기치 못한 사고나 판단의 착오로 소중한 자산에 손실이 발생했을 때, 우리는 무너진 균형을 다시 맞추려는 노력을 시작합니다. 마이너스가 된 자리를 외부의 자원으로 채워 넣어 다시 평평한 원상태로 되돌려 놓는 보전의 과정은, 무너진 질서를 회복하려는 정교한 복구의 작업입니다.

보(補)는 옷(衣)에 헝겊을 덧대 꿰매는 모습에서 유래하여, 해진 부분이나 찢어진 자리를 수선하는 보충을 뜻합니다. 전(塡)은 구덩이를 흙(土)으로 채워 넣는 정밀함을 의미하며, 주변과 높이가 같게 평평하게 만드는 복구 작업을 형상화한 글자입니다.

어원으로 본 보전은 해진 옷을 깁고(補) 구덩이를 메워(塡) 원래의 상태로 되돌리는 것입니다. 이는 단순히 새로운 것을 더 얹는 것이 아니라, 문제가 생기기 전의 온전한 모습으로 되돌려 놓는 '원상 복구'의 미학이죠. 부족한 부분을 기워 지식의 구멍을 메우고 움푹 들어간 자리를 평평하게 고르는 이 복원의 과정이야말로 존재의 온전함을 지키는 가장 성실한 태도라 할 수 있습니다.

경제나 법학 지문에서 보전은 손실이나 적자가 생겼을 때 이를 메우기 위한 보상 방법을 설명하는 핵심 용어로 등장합니다. 지문은 주로 기업의 손해를 나라의 자금으로 채워주거나 범죄로 입은 피해를 돈으로 복구해 주는 '손실 보전'의 과정을 다루곤 하죠. 작가는 추가적인 이득을 주는 것이 아니라 오직 입은 피해만큼만 채워주는 원상복구의 원칙을 강조하므로, 독자는 보상의 한계가 어디까지인지 명확히 알아야 합니다.

사후적 조치의 성격을 판독하듯 실수가 생겨 마음의 자리가 움푹 들어갔을 때 그 무너진 자리를 외면하지 않고 묵묵히 흙을 채워 넣는 성실함이 필요합니다. 내가 모르는 부분을 정확한 개념으로 채워 넣을 때 여러분의 실력은 완벽해질 것입니다.

■ 이 단어가 시험지에 나올 때 ■

경제나 법학 지문에서 손실 보상을 다룰 때 등장하며, 보전은 이득이 아니라 손해만큼만 채워주는 회복의 개념임을 명확히 판독하여야 합니다. 피해액에 상응하는 금액을 지급한다는 표현이 나오면 보전의 원리가 작동한 상황으로 간주하세요. 행정 지문에서는 예산 부족을 메우는 맥락으로 자주 등장하며, 부족분을 채우기 위한 재원의 출처를 파악하는 것이 중요합니다. 특정 주체의 손실을 타인이 메워 준다는 논리가 나오면 주체 간의 역학 관계를 판독하여 정답을 가려내야 합니다.

35

상쇄(相殺)

반대 세력을 부딪쳐 0으로 만드는 힘

相 (서로 상)·殺 (죽일 살 / 감할 쇄) **사전적 의미**: 1. 상반되는 것이 서로 영향을 주어 효과가 없어짐. 2. 채무를 같은 액수만큼 소멸시키는 일.

서로 반대되는 성질이나 에너지가 한 지점에서 만날 때, 두 힘이 격렬하게 충돌하며 흔적도 없이 사라지는 현상을 목격하곤 합니다. 플러스와 마이너스가 정면으로 격돌하여 깨끗한 무(無)의 상태가 되는 이 역설적인 상쇄의 과정은, 대립을 통해 정적인 안정을 찾아가는 질서입니다.

상(相)은 나무와 눈이 마주 보고 있는 모습에서 유래하여 거울을 보듯 두 세력이 마주 선 긴장된 상태를 상징합니다. 쇄(殺)는 여기에서 '죽이다'라는 뜻보다는 기세를 쳐서 낮추거나 수치를 덜어낸다는 의미에 집중하여야 합니다.

어원으로 본 상쇄는 서로 마주 보며(相) 상대의 기세를 깎아 없애는(殺) 것입니다. 이는 반대되는 힘들이 서로의 영향력을 갉아 먹어 전체 효과를 사라지게 만드는 과정입니다. 양쪽의 무게가 완벽하게 일치하여 계산 결과가 '0'이 될 때 완성되는 평형 상태는, 불필요한 것을 지우고 핵심만 남기려는 생각의 방식입니다.

경제나 과학 지문에서 상쇄는 두 변수가 반대 방향으로 움직여 전체 결과에 아무런 변화를 주지 못하게 되는 상황을 설명하는 핵심 개념입니다. 경제에서는 환율이 올라 얻은 이익이 원료값이 올라 생긴 손해와 맞물려 사라지는 상황을, 과학에서는 반대되는 파동이 만나 소음이 사라지는 '상쇄 간섭'의 원리를 다루죠. 작가는 효과를 키우는 '보강'과 효과를 지워버리는 '상쇄'를 대비하여 정보를 제시하므로 독자는 힘을 합친 결과가 결국 어떻게 되었는지에 주목하여야 합니다.

에너지의 합산 결과와 방향성을 판독하듯 불안하거나 우울한 감정이 들 때 그 기세를 꺾어 줄 수 있는 '작은 성취'를 의도적으로 충돌시켜 보세요. 가벼운 산책이나 짧은 독서로 부정적인 기운이 설 자리를 없애버리는 상쇄의 지혜를 발휘하세요.

변수 간 상관관계를 다루는 핵심 키워드로, 출제자는 효과가 커지는 증폭과 서로를 깎아내는 상쇄를 뒤섞어 함정을 설계하곤 합니다. 한쪽의 상승분이 다른 쪽의 하락분으로 인해 무용지물이 된 논리가 포착된다면 상쇄 상황임을 인지하여야 합니다. 물리나 기술 지문에서는 노이즈 캔슬링처럼 서로를 깎아 없애는 소멸 간섭의 원리로 자주 등장합니다. 선택지에서 두 세력이 합쳐져 진폭이 강해졌다고 설명한다면 이는 상쇄와 정반대인 보강의 상황임을 간파하여야 합니다.

36

유인(誘引)
마음을 건드려 특정 행동으로 끄는 미끼

誘 (꾈 유)·引 (끌 인)　**사전적 의미**: 1. 달래거나 꾀어서 끌어냄. 2. 어떤 일을 하도록 부추기는 보상이나 조건.

강요나 명령보다 스스로 얻게 될 이익에 마음이 움직일 때 더 능동적으로 행동하곤 합니다. 누군가의 발걸음을 특정한 방향으로 돌리기 위해 매력적인 제안을 던지고 그 마음의 빗장을 여는 유인의 과정은, 보이지 않는 손이 인간의 선택을 이끌어가는 정교한 심리적 설계입니다.

유(誘)는 빼어난(秀) 말(言)로 상대의 귀를 솔깃하게 만들어 거부감 없이 마음의 문을 열게 하는 설득을 뜻합니다. 인(引)은 활(弓)에 시위를 걸어 힘껏 잡아당기는 모습에서 유래하여 목표를 내 쪽으로 강하게 끌어오는 힘을 의미합니다.

어원으로 본 유인은 멋진 제안으로 마음을 꾀어(誘) 내가 원하는 방향으로 잡아당기는(引) 것입니다. 이는 억지로 시키는 강제적인 압력이 아니라, 상대의 마음을 움직여 스스로 선택하게 만드는 심리적인 힘이죠. 상대가 무엇을 원하는지 정확히 파악하고 그에 맞는 보상을 선물함으로써, 멈춰 있던 의지가 행동으로 옮겨지게 만드는 똑똑한 유도 장치라 할 수 있습니다.

경제 지문에서 유인은 사람들이 특정 행동을 하도록 부추기는 '인센티브'라는 개념으로 등장하여, 우리가 왜 그렇게 움직이는지 설명하는 핵심 도구가 됩니다. 지문은 주로 가격 할인처럼 이익을 주는 '긍정적 유인'과 벌금처럼 손해를 피하게 하는 '부정적 유인'을 통해 인간의 반응을 분석하죠. 작가는 이러한 유인책이 사람들의 선택을 어떻게 바꾸고 결과적으로 세상에 어떤 영향을 주는지 강조하므로, 독자는 '미끼'가 무엇인지 찾아내야 합니다.

인간의 행동을 이끌어내는 인과 관계를 판독하듯 공부할 때도 나 자신을 영리하게 움직일 수 있는 유인 전략을 짜 보세요. 억지로 나를 채찍질하기보다 '수학 문제를 풀면 좋아하는 음악 듣기'처럼 매력적인 보상으로 내 마음을 살살 달래 보세요.

경제 지문에서 가격 변화에 따른 수요의 반응인 탄력성은 총수입 변화와 결합하여 함정을 설계하곤 합니다. 가격을 올렸을 때 총수입이 줄어들었다면, 소비자가 가격에 민감하게 반응하여 수요를 크게 줄인 탄력적 상황임을 파악해야 합니다.

사회 지문에서는 가격이 올라도 소비를 줄이기 어려운 필수재의 특성을 비탄력성과 연결해 자주 출제합니다. 대체재가 없거나 생활에 꼭 필요해 가격 자극에 둔하게 반응하는 필수재는 비탄력적 상태이며, 이는 종종 시장 개입의 논거가 됩니다.

37

탄력(彈力)

가격 충격에 고무줄처럼 반응하는 세기

彈 (탄알 탄/튕길 탄)·**力** (힘 력)　　**사전적 의미**: 1. 튀거나 튕기는 힘. 2. 가격 변화에 대응하는 수요나 공급의 반응 정도.

외부에서 뭔가 갑작스러운 충격이 닥쳤을 때, 그 힘에 맞서기보다 부드럽게 몸을 굽혀 충격을 흡수하는 힘이 바로 탄력입니다. 딱딱하게 굳어 있는 존재는 강한 자극에 부러지기 쉽지만, 탄력 있고 유연한 존재는 상황에 맞춰 즉각 모양을 바꾸며 자신을 보호합니다.

탄(彈)은 활시위를 당겼다 놓을 때 휙 튀어나가는 반동의 움직임을 뜻합니다. 력(力)은 외부 자극에 대해 밀어내거나 버티는 실질적인 에너지의 크기를 결정하는 역할을 합니다.

어원으로 본 탄력은 외부 충격에 맞대응하여 튕겨 나가는 반응의 힘입니다. 어떤 자극이 주어졌을 때 그에 따라 일어나는 변화의 정도를 나타내는 원리로, 대상의 성질에 따라 그 세기가 결정되죠. 충격에 민감하게 반응하여 자신의 상태를 크게 바꾸거나,

반대로 둔감하게 버텨내는 이 차이는 대상이 처한 환경과 본질적인 가치를 읽어내는 중요한 실마리가 됩니다.

경제 지문에서 탄력은 가격이 변할 때 물건을 사고파는 양이 얼마나 민감하게 움직이는지를 숫자로 계산하여 시장의 변화를 예측하는 도구로 등장합니다. 지문은 주로 가격이 바뀔 때 수요량이 크게 출렁이는 '탄력적' 상태와, 쌀이나 약처럼 가격이 변해도 수요량이 거의 일정한 '비탄력적' 상태를 비교하여 설명하곤 하죠. 작가는 이 반응의 세기에 따라 기업의 수입이나 정부의 세금 정책이 어떻게 달라지는지 증명하려 하므로, 독자는 자극과 반응 사이의 관계를 정확히 추적하여야 합니다.

외부 충격에 대한 민감도를 판독하듯 환경이 변할 때 나를 지키는 진짜 힘은 단단함이 아니라 유연한 탄력성입니다. 예상치 못한 결과에 실망하더라도 금방 털고 일어나 변화를 성장의 동력으로 바꾸는 탄력적인 태도를 가져 보세요.

경제 지문에서 공공재를 다룰 때, 여러 사람이 함께 쓴다는 이유로 경합적이라는 함정을 설계하곤 합니다. 공공재처럼 내 소비가 타인의 몫을 줄이지 않는다면 비경합성임을 인지하고, 소비 과정에서 남을 밀어내는 경쟁이 발생하는지 봐야 합니다. 법학 지문에서는 여러 법 조항이나 권리가 동시에 적용되려 다투는 상황을 경합이라 합니다. 특정 이익이 충돌해 한쪽이 제한되는 맥락이 보인다면 경합이 발생했음을 의미하며, 이때는 어떤 조항이 우선 적용되는지 선후 관계를 파악해야 합니다.

38

경합(競合)

한정된 떡을 두고 서로 차지하려 다투기

競 (다툴 경)·合 (합할 합)　**사전적 의미**: 1. 서로 맞서서 겨룸. 2. 한 사람의 소비가 다른 사람의 소비 기회를 줄이는 성질.

사회적 자원은 언제나 한정되어 있기에, 이를 차지하려는 주체들 사이에는 필연적으로 긴장이 발생합니다. 내가 누리는 혜택이 타인의 기회를 제한하게 되는 배타적 상황은, 희소한 가치를 선점하려는 세력들이 한 지점에서 맞붙는 치열한 경합의 장을 형성합니다.

경(競)은 두 사람이 결승선을 향해 달리는 모습에서 유래하여, 목표를 거머쥐려는 인간의 본능적인 경쟁심을 상징합니다. 합(合)은 그릇과 뚜껑이 딱 맞물리는 모습처럼 한정된 자원을 차지하기 위해 여러 세력이 한 지점으로 모여드는 상태를 의미합니다.

어원으로 본 경합은 단 하나의 목표(合)를 향해 시합을 하듯 앞다투어 달리는(競) 것입니다. 이는 내가 물건을 가지거나 사용하면 다른 사람이 누릴 수 있는 양이 물리적으로 줄어드는 성질을 담고 있습니다. 자원이 부족하기 때문에 생기는 피할 수 없는 사회적 경쟁이며, 한정된 파이를 두고 벌어지는 치열한 달리기 속에서 누가 승자가 될지 가르는 질서의 시작입니다.

행정이나 경제 지문에서 경합은 자원의 성격이 무엇인지, 시장에서 잘 거래될 수 있는지를 따지는 중요한 기준이 됩니다. 지문은 주로 내가 쓰면 남의 몫이 줄어드는 '경합적' 자원과, 가로등 불빛처럼 여럿이 동시에 누려도 혜택이 줄지 않는 '비경합적' 자원의 특성을 비교하여 설명하죠. 작가는 이 경합성이 있느냐 없느냐에 따라 물건을 시장에 맡길지 아니면 정부가 공공재로 직접 공급하여야 할지를 증명하려 하므로, 독자는 나만 쓸 수 있는 성질인지 아니면 함께 누려도 되는지 확인하여야 합니다.

자원의 배타성을 판독하듯 진정한 성장은 남을 밀어내는 시합이 아니라 어제의 나보다 한 걸음 더 나아가려는 태도에서 시작됨을 잊지 마세요. 목표를 향해 묵묵히 달리는 과정 자체를 즐기며 스스로의 가치를 키워갈 때 실력은 더욱 단단해집니다.

경제 지문에서 공공재를 다룰 때 쓰이며, 출제자는 여러 사람이 쓴다는 이유로 경합적이라는 함정을 설계하곤 합니다. 내가 써도 남의 몫이 줄지 않는다면 비경합임을 인지하고, 소비 과정에서 남을 밀어내는 경쟁이 발생하는지 판독하여야 합니다. 법학 지문에서는 여러 법 조항이나 권리가 동시에 적용되려 다투는 문제를 다룹니다. 어떤 조항이 우선권을 갖는지 판단의 선후 관계를 파악하는 것이 중요하죠. 특정 이익이 부딪쳐 한쪽이 밀려난다고 서술한다면 경합이 발생했음을 의미합니다.

39

배제(排除)
울타리를 쳐서 값을 안 낸 자를 밀어냄

排 (밀칠 배)·除 (덜 제)   **사전적 의미**: 1. 받아들이지 않고 물리쳐 제외함. 2. 대가를 치르지 않은 사람의 소비를 막을 수 있는 성질.

사회가 보유한 특정 자원이나 가치를 보호하기 위해, 우리는 때로 엄격한 경계를 설정하고 자격이 없는 존재의 접근을 제한하곤 합니다. 허락되지 않은 이들을 울타리 밖으로 물리치는 배제라는 행위는, 정당한 권리를 가진 자들의 혜택을 지키기 위한 방어 장치입니다.

배(排)는 손(扌)으로 힘껏 밀어내는 거부의 동작에서 유래하여, 누군가 자원에 무단으로 접근하려 할 때 이를 허용하지 않고 단호하게 밀쳐내는 의지적인 행위를 뜻합니다. 제(除)는 높은 성벽과 같은 계단(阝)을 쌓아 안과 밖을 철저히 나누는 경계를 의미합니다.

어원으로 본 배제는 손을 뻗어(排) 성벽 밖으로 밀쳐내는(除) 것입니다. 이는 어떤 모임의 질서를 지키기 위해 조건에 맞지 않는 대상을 목록에서 지우는 엄격한 분리이죠. 무엇을 포함하고 무엇을 밀어낼지 결정하는 기준은 그 시스템이 어떤 성격인지 보여주는 원리가 되며, 이로써 사회적 거래의 공평함이 유지됩니다.

경제나 사회 지문에서 배제는 물건의 특징을 나누고 시장이 어떻게 돌아가는지 설명하는 핵심 기준으로 등장합니다. 지문은 주로 돈을 내지 않은 사람의 사용을 막을 수 있는 '배제성'과, 국방이나 치안처럼 돈을 안 내도 혜택에서 밀어낼 수 없는 '비배제성'의 특징을 비교하여 설명하죠. 작가는 이 비배제성 때문에 생기는 '무임승차자' 문제와 그로 인해 시장이 제대로 돌아가지 않는 상황을 논리적으로 펼치므로, 독자는 돈을 내야만 들어올 수 있는 장벽이 있는지 확인하여야 합니다.

성벽 밖으로 불필요한 요소를 밀어내듯 나를 성장시키는 과정에서도 나쁜 습관을 배제하는 결단이 필요합니다. 공부를 방해하는 유혹이나 머릿속을 어지럽히는 잡념들을 마음의 성벽 밖으로 밀쳐내어 오직 나만의 성장에 집중해 보세요.

이 단어가 시험지에 나올 때

경제 지문에서 공공재를 다룰 때 쓰이며, 출제자는 배제성이 높다는 식으로 정보를 비틀어 오답을 만듭니다. 돈을 안 내도 혜택에서 밀어낼 수 없다는 점이 본질임을 인지하고 무임승차 상황을 판독하세요.

사회 지문에서는 특정 계층을 울타리 밖으로 밀어내는 상황을 다루며 누가 누구를 내치는지 분석하는 것이 중요합니다. 모두를 아우른다는 선지는 배제의 반대인 포용을 뜻하므로 지문의 상황과 대조하여 판독하세요.

(40)

수렴(收斂)
흩어진 의견이 하나의 결론으로 모임

收 (거둘 수)·斂 (거둘 렴)　**사전적 의미**: 1. 여러 갈래의 의견이나 사상을 하나로 모음. 2. 광선이나 데이터가 한 점에 모임.

사방으로 흩어져 평행선을 달리던 주장들이 일정한 질서를 따라 하나의 결론으로 모여드는 과정이 수렴입니다. 수렴은 단순히 섞이는 것이 아니라, 불필요한 군더더기를 거르고 핵심만을 남겨 단단한 질서를 세우는 일입니다.

수(收)는 얽혀 있는 넝쿨을 손으로 잡아당겨 한곳으로 모으는 모습에서 유래하여, 밖으로 퍼지려는 힘을 안으로 끌어당기는 에너지를 상징합니다. 렴(斂)은 흩어진 조각들을 챙겨서 가지런히 정돈하는 모습에서 정밀함을 더합니다.

어원으로 본 수렴은 흩어진 것을 당겨서(收) 하나로 모으는(斂) 힘입니다. 이는 여기저기 흩어진 정보들을 모아 하나의 명확한 결론으로 합치는 생각의 정리이며, 복잡한 상태에서 가장 중요한 핵심만을 골라내는 과정입니다. 지식이 수렴을 통해 단단하게 정돈

될 때 비로소 복잡한 일들을 꿰뚫어 보는 논리가 완성됩니다.

사회나 통계 지문에서 수렴은 의견을 하나로 모으는 합의 과정이나 데이터가 특정 값에 가까워지는 상태를 설명하는 핵심 용어로 등장합니다. 사회 지문에서는 다양한 생각이 토론을 거쳐 하나의 대안으로 정해지는 민주적인 절차를, 통계나 경제 지문에서는 데이터들이 이리저리 튀지 않고 일정한 목표치를 향해 모여드는 현상을 다루죠. 작가는 의견이 퍼져 나가는 '확산'과 하나로 모이는 '수렴'을 대비하여 이야기가 어디로 흘러가는지 강조하므로, 독자는 에너지가 모이고 있는지 퍼지고 있는지 그 방향을 확인하여야 합니다.

정보의 방향성을 판독하듯 교실이나 팀 활동에서 내 주장만 앞세우기보다 타인의 목소리를 경청하며 하나의 접점을 찾아보세요. 흩어져 있을 때는 미약했던 개개인의 에너지가 수렴을 통해 하나로 뭉치는 순간, 그 논리는 강력한 설득력을 얻게 됩니다.

이 단어가 시험지에 나올 때

사회 지문에서 갈등 해소 과정을 다루며, 출제자는 수렴을 의견이 사방으로 퍼지는 확산과 뒤섞어 함정을 설계하곤 합니다. 논쟁이 갈무리되고 하나의 대안이 채택되는 흐름이 포착된다면 수렴 상황임을 인지하고 선택지의 적절성을 판독하세요. 통계나 경제 지문에서는 데이터가 일정한 궤적을 그리며 목표 수치에 안착하는 현상을 다룹니다. 결과가 한곳으로 모이지 않고 넓게 분산된다고 서술한다면 이는 수렴의 원리와 정반대되는 상황임을 파악하여야 합니다.

41

지향(指向)
목표를 향해 삶의 방향타를 고정하는 의지

指 (가리킬 지)·向 (향할 향)　**사전적 의미**: 1. 어떤 목표로 마음이 쏠림. 또는 그 방향.
2. 일정한 목적을 향해 나아감.

인간의 행동이 의미를 갖기 위해서는 명확한 목적지가 전제되어야 합니다. 수많은 선택지 중에서 가장 가치 있다고 믿는 지점을 향해 마음의 기수를 고정하고 나아가는 지향의 과정은, 혼란스러운 현실 속에서 자신만의 질서를 세우려는 의지적인 선택의 결과입니다.

지(指)는 손(扌)으로 내가 원하는 대상을 정밀하게 짚어내는 결단을 의미합니다. 향(向)은 집의 창문이 특정한 방향을 향해 나 있는 모습에서 유래했습니다. 빛을 받아들이기 위해 창을 내듯, 방향성을 지속적으로 유지하며 나아가는 일관된 태도를 상징합니다.

어원으로 본 지향은 손가락으로 짚은 목표(指)를 향해 나아가는(向) 것입니다. 이는 단순히 발걸음을 옮기는 것이 아니라, 확실한 목표를 정하고 내 삶에서 무엇이 더 중요한지 순서를 정하는 일이죠. 마음속에 명확한 북극성을 세우고 그곳을 향해 나의 모든 에너지와 정성을 쏟음으로써, 무작정 걷는 방황을 멈추고 목적지가 있는 여행을 시작하는 똑똑한 설계라 할 수 있습니다.

인문이나 정책 지문에서 지향은 글쓴이가 마지막에 도달하고 싶어 하는 가치나 우리 사회가 나아가야 할 목표를 설명하는 핵심 단어로 등장합니다. 지문은 주로 어떤 생각이 응원하는 이상적인 모습이나 정책이 만들고 싶어 하는 사회의 목표를 보여주며 이야기를 풀어내곤 하죠. 작가는 현재의 부족함을 넘어 우리가 다다라야 할 '미래의 도착지'를 강조하므로, 독자는 글쓴이의 시선이 마지막에 어디를 향해 머물고 있는지 포착하여야 합니다.

화자의 시선이 머무는 곳을 판독하듯 공부의 여정에서도 나만의 도착지를 명확히 설정하는 것이 중요합니다. 친구들을 따라 무작정 걷는 것이 아니라 내가 도달하고 싶은 곳을 향해 방향타를 고정하고 걷는 공부는 그 몰입의 깊이부터 다를 수밖에 없습니다.

◀ 이 단어가 시험지에 나올 때 ▶

글쓴이의 의도를 묻는 문제에서 쓰이며, 출제자는 피하여야 할 '지양'과 나아가야 할 '지향'을 뒤섞어 오답을 설계하곤 합니다. 특정 대상을 추구하거나 권장하여야 한다는 논리가 포착된다면 화자가 해당 가치를 지향하고 있다는 신호임을 판독하세요. 사회 지문에서는 집단이 공유하는 가치의 성격을 분석하며 그들이 바라보는 미래의 좌표가 무엇인지 묻습니다. 목표 없이 안주하거나 부유한다고 서술한다면 이는 새로운 지점을 향해 나아가는 지향의 본질과 어긋나는 오답임을 파악하세요.

과학과 기술 지문은 철저한 '원인과 결과'로 쇠사슬처럼 단단하게 얽혀 있는 가장 정직한 글입니다. 그럼에도 과학 지문이 어렵게 느껴지는 이유는 현상을 설명하는 딱딱한 한자어가 장벽처럼 앞길을 가로막기 때문입니다. 단어의 속뜻이 흐릿하면 복잡한 그래프와 설계도는 그저 해독할 수 없는 낙서일 뿐입니다.

4장은 난해한 용어를 직관적인 물리 법칙으로 바꿔주는 '논리의 통역기'입니다. 수치가 '임계'치에 도달하거나 에너지가 '상쇄'되는 메커니즘을 단어 하나로 포착해내세요. 핵심 단어들을 장착하는 순간, 읽어도 튕겨 나가던 과학 지문은 정교하게 설계된 기계처럼 그 속살을 완벽히 드러낼 것입니다.

비문학·과학

과학적 현상과 기술의 인과를 관통하는 한자어

42

임계(臨界)
성질이 통째로 바뀌는 아슬아슬한 경계

臨 (임할 임)·界 (지경 계)　**사전적 의미**: 1. 물리적 현상이 나타나기 시작하는 경계.
2. 어떤 상태가 다른 상태로 변하는 경계의 수치.

주전자의 물이 끓기 직전, 잠잠하던 수면이 갑자기 부글거리는
순간을 본 적이 있을 것입니다. 평범하던 물질이 전혀 다른 모습
으로 바뀌기 바로 직전의 아슬아슬한 경계선을 우리는 임계라고
부릅니다.

임(臨)은 높은 곳에서 아래를 굽어보며 변화가 일어나는 현장
에 바짝 다가선 긴박한 상태를 뜻합니다. 계(界)는 밭의 경계를 나
누는 선처럼 이쪽과 저쪽의 성질이 섞이지 않도록 엄격하게 그어
놓은 구분선입니다.

어원으로 본 임계는 변화가 일어나는 경계선에 아주 가까이 다
가가 있는 상태를 말합니다. 99°C의 물이 100°C가 되어 끓기 직
전의 상태에 있는 것처럼, 단 1의 차이로 성질이 통째로 바뀌기
직전의 순간이 바로 임계입니다. 벼랑 끝 같은 이 마지막 경계선

을 넘어서야만 액체가 기체가 되듯 새로운 차원의 변화가 비로소 시작됩니다.

과학 지문에서 이 단어는 물질의 상태가 급격히 변하기 시작하는 수치적 한계를 설명할 때 자주 등장합니다. 출제자는 주로 이 경계선을 넘기 전과 후의 상태를 비교하여 함정을 만들기 때문에 변화의 문턱을 잘 찾아야 합니다. 에너지가 차오르다가 특정 지점에서 폭발적으로 성질이 바뀌는 물리적 원리를 이해하는 것이 독해의 핵심입니다. 지문에서 제시된 임계치의 구체적인 숫자를 메모하며 그 선을 기점으로 일어나는 변화의 전후 맥락을 꼼꼼히 대조하여야 합니다.

공부해도 실력이 안 늘어 답답한 순간이 있다면, 여러분은 지금 물이 끓기 직전인 99°C의 상태일지도 모릅니다. 겉으로는 변화가 없어 보이지만 임계점에 도달하는 마지막 한 걸음을 내딛는 순간 실력은 반드시 폭발적으로 튀어 오르게 됩니다.

이 단어가 시험지에 나올 때

어떤 수치를 기점으로 현상이 급격히 달라지는 '변화의 문턱'이 보인다면 각별히 주목하여야 합니다. 지문에 제시된 임계치를 기준으로 전(前)·후(後)의 성질 변화가 질적으로 갈리는지를 꼼꼼하게 확인하는 것이 판독의 핵심입니다.
또한 임계는 대개 특정 조건(온도·압력 등)과 함께 제시되므로, 조건이 바뀐 채로 임계 비교를 하는 선택지는 오답일 가능성이 큽니다. 따라서 지문의 임계값·조건·전후 상태를 묶어서 반드시 대조해봐야 합니다.

43

발산(發散)

안에서 밖으로 에너지가 거침없이 퍼짐

發 (필 발)·散 (흩어질 산) **사전적 의미**: 1. 속의 것이 겉으로 드러나 퍼짐. 2. 광선이 한 점에서 사방으로 퍼짐. 3. 수열이나 함수의 값이 일정한 값에 가까워지지 않고 무한히 커짐.

어두운 방에서 전등을 켜면 빛이 사방으로 시원하게 뻗어 나가는 모습을 볼 수 있습니다. 이렇게 한곳에 뭉쳐 있던 기운이나 에너지가 중심에서 바깥쪽을 향해 거침없이 퍼져 나가는 상태를 발산이라고 부릅니다.

발(發)은 활시위를 당겼다 놓을 때 화살이 튀어 나가듯 내부에 응축된 힘이 밖으로 터져 나오는 에너지를 상징합니다. 산(散)은 바람에 날리는 곡식 껍질처럼 한곳에 고여 있지 않고 제각각 다른 방향으로 멀리 번져 나가는 성질을 의미합니다.

어원으로 본 발산은 에너지를 밖으로 힘차게 쏘아 사방으로 넓게 흩뿌리는 것을 말합니다. 향수 냄새가 공기 중으로 번지거나 분수대에서 물줄기가 뿜어져 나오는 현상이 발산의 대표적인 모습이라고 쉽게 이해하면 됩니다. 이것은 좁은 내부에 머물던 힘이 외부로 영향력을 넓히며 시원하게 뻗어 나가는 물리적인 확장의 원리입니다.

과학이나 수학 지문에서 이 단어는 빛이나 열, 혹은 숫자의 크기가 일정한 곳에 머물지 않고 무한히 커질 때 자주 등장합니다. 출제자는 보통 에너지가 한 점으로 모이는 '수렴'과 에너지가 밖으로 퍼지는 '발산'을 반대로 설명하여 함정을 만듭니다. 화살표가 중심에서 바깥을 향하고 있는지, 그리고 경계 없이 계속 넓어지고 있는지 확인하는 것이 독해의 핵심입니다. 지문 속에서 대상의 크기나 범위가 끝없이 팽창하는 장면이 나온다면 우리는 즉시 발산의 상태임을 판독하여야 합니다.

자신의 능력을 마음속에만 가두어 두지 말고, 여러분이 가진 멋진 생각과 빛을 세상 밖으로 마음껏 뿜어내 보세요. 내면의 에너지를 능동적으로 분출하며 주변에 긍정적인 영향을 미칠 때, 여러분은 세상을 더 넓고 밝게 변화시키는 주인공이 될 수 있습니다.

■ 이 단어가 시험지에 나올 때 ■

에너지가 한 점으로 모이지 않고 사방을 향해 거침없이 퍼져 나간다면 발산의 상태로 판독하여야 합니다. 중심에서 바깥으로 흩어지며 그 크기나 범위가 계속 커지는 흐름을 포착해, '수렴'과 정반대의 상황인지 구분하는 것이 핵심입니다.
입자나 값이 한곳으로 집중되거나 특정 수치에 도달해 안정된다는 설명은 발산이 아니라 수렴의 성질에 가깝습니다. 밖으로 퍼져 나가며 제한 없이 확장되는 성질이라는 이미지를 기준으로 선택지의 적절성을 가려내야 합니다.

44

매개(媒介)

두 세계를 잇는 운명적인 징검다리

媒 (중매 매)·介 (낄 개)　　**사전적 의미**: 둘 사이에서 양편의 관계를 맺어 줌. 2. 전염병을 옮기는 일. 3. 파동 등을 전달하는 물질.

소식을 전해 주는 편지나 소리를 전달하는 공기처럼 서로 떨어진 것들을 하나로 이어 주는 고마운 존재들이 있습니다. 이렇게 직접 만나기 어려운 두 대상 사이에서 다리 역할을 하며 관계를 맺어 주는 것을 우리는 매개라고 부릅니다.

매(媒)는 모르는 남녀를 연결해 주던 중매쟁이처럼 아무런 접점이 없던 두 대상을 하나로 엮어 새로운 인연을 만드는 힘을 뜻합니다. 개(介)는 사람이 갑옷을 입고 있는 모습이나 양쪽 사이에 끼어 있는 모양을 본떠 이쪽과 저쪽 사이의 중간 지점을 뜻합니다.

어원으로 본 매개는 중매를 서듯 두 대상 사이에 끼어 관계를 이어 주는 징검다리를 말합니다. 소리를 듣기 위해 공기가 필요하듯, 에너지나 정보가 한쪽에서 다른 쪽으로 전달되기 위해 반드시 거쳐야 하는 필수적인 통로를 의미하죠. 독립된 두 현상을 단단히 묶어 하나의 흐름으로 연결하거나 에너지를 이동시키는 핵심적인 전달 수단이 바로 매개의 본질입니다.

비문학 지문에서 매개체라는 용어는 과학에서 에너지를 전달하는 물질이나 사회에서 소통을 돕는 도구를 설명할 때 자주 쓰입니다. 출제자는 주로 매개체가 되는 대상과 원래의 주체를 교묘하게 혼동시켜 오답 함정을 만들곤 합니다. 어떤 도구나 통로를 통해 현상이 일어나는지 그 중간 전달자를 명확히 짚어내는 것이 독해의 핵심입니다. 지문 속에서 "A를 통해 B가 일어난다"는 흐름이 보인다면 우리는 즉시 A가 매개 역할을 하고 있음을 판독하여야 합니다.

여러분이 지금 배우는 이 단어들은 여러분의 좁은 세상과 더 넓은 우주를 이어 주는 훌륭한 매개체입니다. 단어를 깊이 알게 될 때마다 여러분은 아직 가보지 못한 새로운 세계로 건너갈 수 있는 튼튼한 다리를 하나씩 놓는 셈입니다.

■ 이 단어가 시험지에 나올 때 ◆

독립된 두 대상 사이에 '연결 고리'가 등장한다면, 그 고리가 무엇을 전달하는 통로인지부터 확인하여야 합니다. 어떤 물질이나 도구를 거쳐 현상이 전달되는지 흐름을 분리해 짚어내고, 주체와 매개체를 혼동하지 않는 것이 판독의 핵심입니다.
두 현상이 중간 단계 없이 이어진다거나, 아무런 경로 없이 결과가 도출된다는 설명은 매개의 원리를 흐리는 진술입니다. "두 사이에는 반드시 다리 역할을 하는 전달자가 있다"는 어원 이미지를 기준으로 중간 매개체와 선택지를 대조하세요.

45

투과(透過)
장애물을 무시하고 경계를 뚫고 나감

透 (뚫을 투)·過 (지날 과)　**사전적 의미**: 1. 액체나 기체 따위가 물체 사이로 스며 통과함. 2. 빛이나 방사선 따위가 물체를 통과함.

단단한 벽 뒤에서도 라디오 소리가 들리거나 병원에서 X선 촬영으로 몸속 뼈를 볼 수 있는 이유는 무엇일까요? 이처럼 빛이나 소리 같은 에너지가 물체의 벽을 마치 없는 것처럼 뚫고 반대편으로 빠져나가는 현상을 투과라고 합니다.

투(透)는 복잡한 길을 막힘없이 뚫고 지나가는 재주처럼, 겉으로는 막혀 보이는 물체의 틈새를 정교하게 비집고 들어가는 힘을 뜻합니다. 과(過)는 가야 할 길을 멈추지 않고 나아가 정해진 기준점이나 경계선을 완전히 벗어나는 물리적인 이동을 뜻합니다.

어원으로 본 투과는 물체의 아주 작은 틈새를 정교하게 파고들어 반대편으로 완전히 지나가는 것을 말합니다. 과학 지문에서 빛이나 입자가 특정 물질을 통과하는 현상을 다룰 때 가장 기본이 되는 핵심 개념으로 쓰이죠. 이것은 에너지의 흐름이 물체의 저항을 이겨내고 내부를 관통하여 정보나 기운을 반대편까지 전달하는 물리적 원리입니다.

과학이나 기술 지문에서 투과라는 단어가 등장하면 에너지가 튕겨 나가는 '반사'나 내부에 갇히는 '흡수'와 구분해서 읽어야 합니다. 출제자는 주로 물체가 에너지를 통과시키지 못하고 붙잡아 두는 상황을 투과와 슬쩍 뒤섞어 오답 함정을 만들곤 합니다. 물체의 밀도가 너무 높거나 촘촘하면 에너지가 뚫고 지나가기 어려워져 투과율이 낮아진다는 상관관계를 파악하는 것이 독해의 핵심입니다. 지문 속에서 "벽을 통과해 신호가 도달했다"는 내용이 나온다면 우리는 즉시 투과의 원리가 작용했음을 판독하여야 합니다.

촘촘한 장애물을 뚫고 끝내 반대편의 빛을 찾아내는 투과의 과정은 우리를 더 깊은 지혜의 세계로 안내합니다. 어떤 어려움 앞에서도 멈추지 않고 끝까지 파고드는 끈기를 가질 때, 남들이 보지 못하는 장벽 너머의 진실을 가장 먼저 발견하게 될 것입니다.

■ 이 단어가 시험지에 나올 때 ■

에너지가 물체에 부딪혔는데 튕겨 나오지 않고 반대편까지 빠져나가는 흐름이 보인다면 투과의 현상을 포착하여야 합니다. 장애물에 막히지 않고 내부를 지나 결국 다른 쪽에 도달했다는 통과 과정 전체를 이해하는 것이 판독의 핵심입니다.
물체의 밀도가 높거나 구조가 촘촘할수록 뚫고 지나가기 어려워지므로 투과율은 낮아집니다. "물질이 치밀해질수록 통과량이 감소한다"는 인과관계를 기준으로, 선택지가 이 흐름을 거꾸로 설명하고 있는지 판독하여야 합니다.

46

굴절(屈折)

경계를 넘으며 스스로 몸을 굽혀 꺾임

屈 (굽을 굴)·折 (꺾을 절)　**사전적 의미**: 1. 휘어서 꺾임. 2. 파동이 한 매질에서 다른 매질로 들어갈 때 진행 방향이 바뀌는 현상.

물컵에 담긴 빨대가 마치 꺾여 있는 것처럼 보이거나, 안경을 썼을 때 사물이 선명하게 보이는 현상을 본 적이 있을 것입니다. 빛이나 소리 같은 에너지가 성질이 다른 물질을 만나 진행 방향이 비스듬히 꺾이는 현상을 우리는 굴절이라고 부릅니다.

굴(屈)은 꼿꼿하게 펴져 있던 몸을 굽히는 모습처럼, 고집을 잠시 내려놓고 부드럽게 구부러지는 이미지를 담고 있습니다. 절(折)은 손에 도끼를 들고 나무를 쳐서 부러뜨리듯, 이전과는 전혀 다른 각도를 만들며 진행 방향을 단호하게 바꾸는 전환을 뜻합니다.

어원으로 본 굴절은 스스로 몸을 굽히고 방향을 꺾어서 나가는 것을 말합니다. 빛이 공기 중에서 물속으로 들어갈 때처럼 밀도가 다른 곳을 통과하면 속도가 변하면서 나아가던 길이 꺾이게 되는 것이죠. 이것은 에너지의 흐름이 새로운 환경에 적응하며 발생하는 물리적 현상으로, 꺾이는 각도에 따라 사물의 위치나 모습이 다르게 보이는 광학적 원리를 만듭니다.

과학 지문에서 굴절이라는 단어가 등장하면 반드시 물질에 따라 달라지는 '속도 차이'를 원인으로 파악하여야 합니다. 출제자는 보통 굴절의 원인을 단순히 부딪쳐서 튕겨 나가는 '반사'와 혼동하게 만들거나, 속도가 변하지 않아도 방향이 꺾인다는 오답 함정을 즐겨 사용합니다. 매질의 종류가 달라짐에 따라 에너지가 속도를 줄이거나 높이며 몸을 굽히는 과정을 이해하는 것이 독해의 핵심입니다. 지문 속에서 렌즈나 물속의 물체를 다루는 장면이 나온다면 즉시 굴절의 법칙이 작용하고 있음을 판독하여야 합니다.

예상치 못한 변화를 만났을 때 우리 인생의 방향도 때로는 굴절되어 꺾이기 마련입니다. 이때 억지로 버티다 부러지기보다 상황에 맞춰 유연하게 몸을 굽히면서도, 꺾인 그 지점에서 다시 나만의 새로운 길을 찾아내는 지혜를 가져 보길 바랍니다.

이 단어가 시험지에 나올 때

렌즈나 물속의 물체를 다루는 지문을 읽을 때는 매질이 바뀌며 생기는 '속도 차이'에 주목하여야 합니다. 파동의 속도가 변하는 순간 진행 방향이 비스듬히 꺾인다는 인과관계를 잡아야 반사와는 전혀 다른 과정임을 판독할 수 있습니다.
또한 수직(정입사)으로 들어가는 빛은 방향이 꺾이지 않으므로, 모든 상황에서 굴절이 일어난다는 진술은 오답일 가능성이 큽니다. 속도 변화가 있었는지, 그리고 그 결과로 방향 전환이 실제로 발생했는지를 함께 대조하며 읽어야 합니다.

47

회절(回折)

장애물 뒤로 몸을 돌려 스스로 길을 넓힘

回 (돌 회) · 折 (꺾을 절)　**사전적 의미**: 1. 파동이 장애물의 뒤쪽으로 돌아 들어가는 현상. 2. 빛이 슬릿을 지날 때 가장자리에서 휘어져 뒤쪽까지 퍼지는 현상.

담장 너머에 있는 사람의 모습은 보이지 않아도 그 목소리는 선명하게 들릴 때가 있습니다. 소리라는 파동이 장애물에 막혀 멈추는 것이 아니라, 장애물의 모서리를 타고 그 뒤편까지 영리하게 휘어져 들어오기 때문인데 이러한 현상을 회절이라고 부릅니다.

회(回)는 물이 소용돌이치며 빙글빙글 도는 모양처럼, 장애물을 만났을 때 몸을 부드럽게 틀어 휘감아 들어가는 유연함을 뜻합니다. 절(折)은 나무를 꺾듯 진행 방향을 확 바꾸는 것으로, 파동이 좁은 틈이나 날카로운 모서리에 부딪혔을 때 부채꼴 모양으로 넓게 퍼져 나가는 변화를 의미합니다.

어원으로 본 회절은 장애물을 만나 방향을 돌리고 꺾여서 넓게 퍼져 나가는 것을 말합니다. 벽 뒤에 숨은 사람의 목소리가 들리는 이유는 소리가 벽 모서리에서 회절하여 우리 귀까지 돌아 들어오기 때문이죠. 파동이 장애물 때문에 생긴 그림자 지역까지 스스로 길을 만들어 침투하여 에너지를 전달하는 물리적 원리입니다.

과학 지문에서 이 단어는 주로 '파동의 길이(파장)'와 '장애물 틈의 크기'를 비교하는 문제로 등장합니다. 출제자는 보통 파동의 길이가 짧을수록 혹은 틈이 넓을수록 회절이 잘 일어난다는 식으로 원리를 반대로 설명하여 함정을 만듭니다. 장애물을 휘감아 도는 에너지는 파동의 길이가 틈의 크기에 비해 상대적으로 길 때 더욱 강력해진다는 점을 파악하는 것이 독해의 핵심입니다. 지문 속에서 소리는 들리는데 빛은 보이지 않는 상황이 나온다면, 파장이 긴 소리가 빛보다 회절이 더 잘 일어났음을 판독하여야 합니다.

눈앞의 벽이 높다고 해서 성장을 멈추거나 그대로 주저앉지 마세요. 막다른 길에서도 유연하게 생각을 꺾어 장벽 너머를 상상하는 회절의 지혜를 가질 때, 여러분은 어떤 장애물 앞에서도 멈추지 않고 더 넓은 세상으로 나아갈 수 있을 것입니다.

이 단어가 시험지에 나올 때

파동이 장애물의 뒤편까지 휘어져 들어가는 장면이 보인다면 회절을 떠올려야 합니다. 반사처럼 튕겨 나가는 것이 아니라, 좁은 틈이나 모서리를 따라 퍼지며 그림자 영역까지 영향이 번지는 흐름인지 확인하는 것이 핵심입니다.
회절은 파장과 틈(장애물)의 크기를 비교해 판단합니다. 파장이 상대적으로 길수록 회절이 잘 일어나므로 소리가 빛보다 담장 너머로 더 잘 전달되며, 반대로 빛이 더 잘 회절한다는 진술은 오답일 가능성이 큽니다.

48

포화(飽和)
더는 받아들일 수 없게 빈틈없이 참

飽 (배부를 포)·和 (화할 화) **사전적 의미**: 1. 더 이상 충분할 수 없을 만큼 가득 참.
2. 어떤 양이 일정 한도에 달하여 그 이상 증가할 수 없는 상태.

맛있는 음식을 잔뜩 먹어서 배가 빵빵하게 부르면 더 이상 한 수저도 들기 힘든 상태가 됩니다. 이처럼 어떤 공간이나 액체 속에 들어갈 수 있는 물질의 양이 한계치까지 가득 차서, 더 이상은 아무리 넣으려고 해도 받아들일 수 없는 상태가 포화입니다.

포(飽)는 음식을 배불리 먹어서 몸이 든든하게 부풀어 오른 모양으로, 더는 무언가를 받아들일 공간이 없는 수용 능력의 끝을 뜻합니다. 화(和)는 여럿이 음식을 고르게 나누어 먹는 평화로운 풍경처럼, 들어오는 양과 나가는 양이 정교하게 맞물려 겉으로 보기에 큰 변화가 없는 평온한 상태를 의미합니다.

어원으로 본 포화는 배가 가득 불러서 더 이상의 급격한 변화가 없는 안정적인 상태를 말합니다. 이는 어떤 존재가 지닌 수용 능력이 최대치에 도달하여, 내부와 외부가 팽팽한 균형을 유지하

118

고 있는 물리적 원리입니다. 에너지가 가장 밀도 있게 응축된 상태이자, 외부의 큰 자극 없이는 스스로 그 가득함을 유지하려는 견고한 성질을 뜻합니다.

과학 지문에서 포화라는 단어가 등장하면 반드시 '온도'라는 조건과 함께 읽어야 합니다. 온도가 올라가면 물질을 받아들일 수 있는 그릇 자체가 커지기 때문에, 아까는 꽉 찼던 포화 상태가 다시 빈자리가 생기는 '불포화' 상태로 변할 수 있기 때문입니다. 출제자는 주로 온도의 변화에 따라 물질이 더 녹을 수 있는지, 아니면 밖으로 튀어 나오는지 물으므로 그릇의 크기 변화를 살펴야 합니다. 지문 속에서 수증기나 용액의 양을 다루는 장면이 나온다면 해당 온도의 포화 한계치가 얼마인지부터 판독하여야 합니다.

그릇의 크기가 정해져 있다면 그 안에 담을 수 있는 양도 한계가 있기 마련입니다. 무조건 많이 채우려고 욕심내기보다 현재 가득 찬 상태를 차분히 정리하며 내실을 다지는 시간을 가져 보세요.

■ 이 단어가 시험지에 나올 때 ■

수증기량이나 용액의 양을 다루는 문제에서는 "현재의 온도가 물질을 담는 그릇의 크기를 결정한다"는 사실을 잊지 마세요. "온도가 높아지면 그릇이 커져 포화 상태가 풀릴 수 있다"는 인과 관계를 기준으로 선택지를 판독하여야 합니다.
겉보기에는 증발이나 용해가 멈춘 것처럼 보여도 실제로는 들어오고 나가는 양이 같은 동적 평형일 수 있습니다. 그러므로 "아무런 변화도 없다"는 정적인 진술은 포화의 원리를 무시한 오답일 가능성이 큽니다.

49

평형(平衡)

어느 쪽으로도 치우치지 않는 팽팽한 균형

平 (평평할 평)·衡 (저울대 형)　**사전적 의미**: 1. 어느 한쪽으로 기울지 않고 고른 상태. 2. 사물 상호 간의 관계에서 힘의 크기가 같아 안정된 상태.

뜨거운 물과 찬물을 섞으면 시간이 흐른 뒤 온도가 일정해지며 잔잔해지는 순간이 옵니다. 이처럼 어느 한쪽으로 힘이나 에너지가 기울지 않고 고르게 유지되어 안정된 상태를 우리는 평형이라고 부릅니다.

평(平)은 굴곡이 없이 매끄럽게 펴진 땅이나 잔잔한 물결처럼, 어떤 방해물도 없이 고요하고 평온한 상태를 뜻합니다. 형(衡)은 저울대의 양쪽 무게가 일치하여 수평을 유지하는 모습으로, 한쪽으로도 치우치지 않으려는 팽팽한 긴장감을 담고 있습니다.

어원으로 본 평형은 저울대가 수평을 이루듯 어느 쪽으로도 쏠리지 않고 평평한 상태를 말합니다. 서로 다른 기운이나 에너지가 맞물려 어느 한 방향으로의 치우침을 멈추고 하나의 일관된 안정을 찾아가는 역동적인 질서의 원리죠. 겉으로는 정지된 것처럼 보이지만, 내부에서는 양쪽의 힘이 팽팽하게 대립하며 완벽한 수평을 유지하려는 치열한 균형의 상태를 뜻합니다.

비문학 지문에서 평형이라는 단어가 등장하면 에너지가 여전히 한쪽으로 쏠려 이동하고 있는지, 아니면 양방향의 힘이 똑같아졌는지부터 확인하여야 합니다. 출제자는 주로 평형 상태에 도달했는데도 에너지가 한쪽으로만 계속 흐른다거나, 속도가 여전히 변하고 있다는 식의 오답 함정을 만듭니다. 겉보기에 변화가 멈춘 것처럼 보일지라도, 그 이면에는 양쪽의 힘이 똑같은 크기로 치열하게 맞서고 있다는 점을 이해하는 것이 독해의 핵심입니다. 지문 속에서 수평이나 안정을 다루는 장면이 나온다면 우리는 즉시 저울대의 양쪽 무게가 0의 합을 이루고 있음을 판독하여야 합니다.

매 순간 내 마음의 저울을 살피며 한쪽으로 치우치지 않게 무게중심을 옮기는 연습을 해 보세요. 스스로 중심을 잡는 힘을 기를 때 여러분은 비로소 자기 삶의 진정한 주인이 될 것입니다.

■■■ 이 단어가 시험지에 나올 때 ◆

양방향의 힘이 서로 같아져 겉보기에는 변화가 멈춘 상태라면 평형을 떠올려야 합니다. 서로 반대되는 작용이 상쇄되어 "겉으로는 정지, 안에서는 진행"이라는 구조가 성립하는지 확인하는 것이 판독의 핵심입니다.
"입자의 움직임이나 교환이 아예 사라졌다"는 진술은 평형의 동적인 성질을 무시한 오답일 가능성이 큽니다. "들어오고 나가는 양이 같아 전체가 유지되는 상태"라는 어원 이미지를 붙잡고 선택지에서 정답을 가려내세요.

50

반작용(反作用)

밀어낸 만큼 똑같은 크기로 되돌아옴

反 (돌이킬 반)·作 (지을 작)·用 (쓸 용)　**사전적 의미**: 1. 어떤 작용에 대하여 그와 반대로 작용함. 2. 한 물체가 다른 물체에 힘을 가할 때, 그 물체로부터 받는 크기가 같고 방향이 반대인 힘.

스케이트보드를 타고 벽을 힘껏 밀면, 내 몸이 오히려 벽 반대쪽으로 밀려 나가는 것을 경험할 수 있습니다. 이처럼 어떤 물체에 힘이 가해졌을 때 그와 동시에 반대 방향으로 똑같은 크기의 힘이 되돌아오는 현상을 반작용이라고 부릅니다.

반(反)은 손바닥을 뒤집거나 가던 길을 되돌아오는 모습처럼, 원래의 방향을 거부하고 180도 다른 쪽을 향하는 강렬한 역행의 에너지를 뜻합니다. 작용(作用)은 도구를 사용하여 목적을 이루듯 하나의 물체가 다른 물체에 직접적인 기운이나 에너지를 전달하는 능동적인 행위를 의미합니다.

어원으로 본 반작용은 가해진 힘을 반대 방향으로 돌려 다시 똑같은 힘을 내보내는 것을 말합니다. 로켓이 가스를 아래로 강하게 뿜어내어 그 반대 힘으로 하늘 높이 솟구쳐 오르는 원리가 대표적인 예입니다. 이것은 세상의 모든 힘이 결코 홀로 존재할 수 없으며, 두 물체가 서로에게 같은 크기의 에너지를 주고받는다는 쌍방향의 물리 법칙을 담고 있습니다.

과학 지문에서 이 단어는 뉴턴의 운동 법칙을 설명할 때 주인공처럼 등장하며 힘의 크기와 방향을 묻는 문제로 자주 출제됩니다. 출제자는 보통 반작용의 힘이 작용보다 작다거나 두 힘이 한 물체에만 작용하여 서로 사라진다는 식의 까다로운 오답 함정을 만듭니다. 하지만 작용과 반작용은 서로 다른 두 물체가 서로에게 같은 크기의 힘을 동시에 되돌려주는 관계임을 파악하는 것이 독해의 핵심입니다.

여러분의 말과 행동도 결국 반작용이 되어 다시 자신에게 되돌아오기 마련입니다. 타인에게 건넨 따뜻한 응원은 내가 힘들 때 위로의 힘으로 돌아오고 오늘 쏟은 정직한 노력은 훗날 실력이라는 멋진 결과로 되돌아옵니다.

■■■■■■■■ **이 단어가 시험지에 나올 때** ■■■■■■■■

힘을 주고받는 두 물체가 등장한다면, 서로에게 되돌려주는 힘이 같은 크기인지부터 확인하여야 합니다. 방향은 정반대이지만 크기는 항상 짝을 이루므로, 한쪽만 커지거나 작아진다는 설명은 성립하지 않습니다.

작용의 힘이 더 커야만 물체가 움직인다는 진술은 힘의 크기는 늘 같다는 원리를 무시한 오답일 가능성이 큽니다. 움직임이 달라 보이는 까닭은 힘의 크기 차이가 아니라 질량에 따라 가속도가 달라지기 때문임을 떠올리며 선택지를 판독하세요.

51

이완(弛緩)

당겨진 긴장을 풀고 느슨한 여유를 찾음

弛 (늦출 이)·緩 (느릴 완)　**사전적 의미**: 1. 바짝 죄었던 것이 풀림. 2. 근육이나 신경 조직이 긴장을 푸는 일.

운동을 마친 후 뻣뻣하게 굳었던 몸을 쭉 펴거나, 시험이 끝나고 팽팽했던 마음의 끈을 슬며시 놓아본 적이 있을 것입니다. 이처럼 바짝 죄어 있던 근육이나 신경 조직이 긴장을 풀고 원래의 느슨하고 넉넉한 상태로 돌아가는 것을 이완이라고 부릅니다.

이(弛)는 화살을 쏘기 위해 팽팽하게 당겼던 활줄을 풀어 긴장감을 한순간에 해소하는 모습을 본뜬 글자입니다. 완(緩)은 실이 팽팽하지 않고 헐거워져서 움직임이 느릿느릿해진 모양으로, 딱딱하게 굳어 있던 흐름이 부드럽게 잦아드는 여유를 의미합니다.

어원으로 본 이완은 팽팽한 활시위를 풀듯 느슨하고 느릿하게 만드는 것을 말합니다. 억지로 힘을 주어 수축했던 긴장을 내려놓고, 본래의 부피와 길이를 회복하여 편안한 평상시의 상태로 돌아가는 역학적 과정이죠. 이는 단순히 힘이 빠지는 것이 아니라 새로운 힘을 응축하기 위해 반드시 거쳐야 하는 유연한 준비이자, 생명력이 가장 안정적으로 머무는 회복의 원리입니다.

생물이나 의학 지문에서 이완이라는 단어가 등장하면 반드시 짝꿍인 '수축'과 어떤 순서로 일어나는지 잘 살펴야 합니다. 출제자는 주로 이완될 때 에너지가 폭발적으로 쓰인다거나 근육의 길이가 오히려 짧아진다는 식의 반대 논리로 오답 함정을 만듭니다. 혈관이 이완되어 통로가 넓어지면 내부의 압력은 오히려 낮아진다는 상관관계를 파악하는 것이 독해의 핵심입니다. 지문 속에서 "긴장이 풀려 통로가 확장되었다"는 내용이 나온다면 우리는 즉시 이완의 원리가 작용했음을 판독하여야 합니다.

적절한 이완은 더 높이 날아오르기 위해 반드시 잠시 머물러야 하는 정거장과 같습니다. 악보에 쉼표가 있어야 아름다운 노래가 완성되듯, 긴장을 내려놓고 마음의 여유를 회복하는 시간이 지치지 않고 꿈을 향해 끝까지 달릴 수 있게 해줍니다.

근육이나 혈관이 원래보다 길어지거나 넓어지며 힘이 풀리는 장면이 나오면 이완의 단계를 포착하세요. 에너지를 써서 팽팽해지는 수축과 달리, 이완은 긴장이 풀리며 느슨해지는 과정임을 구분하는 것이 독해의 핵심입니다.
"통로가 넓어졌는데도 압력이 높아졌다"는 설명은 이완의 결과를 거꾸로 말한 오답일 가능성이 큽니다. 공간이 확장되면 보통 압력이 내려가므로, '확장 → 압력 감소'의 인과관계를 기준으로 선택지를 판독하세요.

(52)

편차(偏差)

기준선에서 비껴나 벌어진 데이터의 거리

偏 (치우칠 편)·差 (어긋날 차) **사전적 의미**: 1. 수치나 위치가 일정한 기준에서 벗어남. 2. 관측값에서 평균값을 뺀 값.

시험을 치른 후 우리 반의 점수가 평균 근처에 옹기종기 모여 있는지, 아니면 아주 높은 점수와 낮은 점수로 들쭉날쭉하게 갈라져 있는지 궁금할 때가 있습니다. 이처럼 어떤 기준점으로부터 데이터들이 제각각 얼마나 멀리 떨어져 있는지를 나타내는 수치를 편차라고 부릅니다.

편(偏)은 사람이 문 한쪽에 치우쳐 서 있는 모습에서 유래하여, 정중앙을 지키지 못하고 어느 한 방향으로 무게중심이 쏠려 있는 상태를 뜻합니다. 차(差)는 보리 이삭을 털 때 알곡의 길이가 서로 엇갈린 모양처럼, 기준이 되는 값과 비교했을 때 가지런하지 않고 들쭉날쭉하게 어긋난 간격을 의미합니다.

어원으로 본 편차는 기준에서 한쪽으로 치우쳐 서로 어긋나 있는 정도를 말합니다. 일정한 중심이나 표준에서 벗어나 제각기 다른 위치로 흩어져 있는 차이를 뜻하죠. 이는 대상들이 하나의 결로 모이지 못하고 불규칙하게 벌어진 거리감을 보여주며, 현상이 가진 고유한 개성과 변동성을 확인하는 물리적이고 논리적인 원리입니다.

사회과학이나 통계 지문에서 편차라는 단어가 등장하면 반드시 '평균값'과의 거리를 머릿속으로 그려보아야 합니다. 출제자는 보통 편차가 작다는 말을 평균값 자체가 낮다는 뜻으로 교묘하게 바꾸어 오답 함정을 만들곤 합니다. 편차는 점수가 높고 낮음을 말하는 것이 아니라, 기준점에 얼마나 촘촘하게 모여 있는지 혹은 멀리 비껴나 있는지를 나타내는 개념임을 파악하여야 합니다.

남들보다 조금 늦거나 빠르다고 해서 내가 틀린 길을 가고 있는 것은 아닙니다. 평균이라는 기준선에서 얼마나 멀리 떨어져 있느냐보다 더 중요한 것은, 나만의 보폭으로 꾸준히 나아가고 있다는 사실 자체입니다.

■■■ **이 단어가 시험지에 나올 때** ■■■

통계 자료에서 데이터가 들쭉날쭉하게 흩어져 보인다면, 먼저 평균이라는 기준점에서 얼마나 멀리 벗어났는지 체크하세요. 편차는 숫자의 크기 자체가 아니라 각 값이 중심에서 얼마나 떨어져 있는지를 나타내는 '거리' 개념입니다.
값들이 평균에서 크게 비껴나 있는데도 집단의 성질이 고르고 균질하다고 설명한다면, 편차의 의미를 거꾸로 쓴 오답일 가능성이 큽니다. "평균 근처에 모일수록 편차가 작아지고, 멀리 흩어질수록 편차가 커진다"는 산포의 원리를 떠올리세요.

인문·철학 지문이 뜬구름 잡는 소리처럼 들리는 이유는 추상적인 철학 용어들이 손에 잡히지 않는 안개처럼 흩어져 있기 때문입니다. 하지만 사상가들이 던지는 질문은 늘 날카로운 칼날과 같습니다. 그들은 '자율'과 '타율', '실재'와 '인식'의 경계가 어디인지를 치열하게 고민하며 정교한 논리의 탑을 쌓아왔습니다.

5장에서 배울 단어들은 흩어지는 생각을 하나로 묶어 주는 '판단의 저울'입니다. 인류가 수천 년간 지켜온 보편적 가치를 단어로 이해하면, 복잡한 가치 충돌 속에서도 정답을 골라내는 기준이 확립됩니다. 이 과정은 시험 문제를 맞히는 기술을 넘어, 흔들리는 세상 속에서 여러분만의 '사유의 뼈대'를 세우는 가장 단단한 기초가 될 것입니다.

비문학·인문

모호한 철학적 개념을 논리로 잡는 한자어

53

윤리(倫理)
사람 사이에서 지켜야 할 마땅한 이치

倫 (인륜 륜)·理 (다스릴 리)　　**사전적 의미**: 1. 사람으로서 마땅히 지키거나 행하여야 할 도리나 규범. 2. 도덕의 원리나 도덕적 행위에 관한 이론.

경기를 할 때 정해진 규칙을 지켜야 정정당당한 승부가 가능하듯, 함께 사는 세상에도 지켜야 할 약속이 있습니다. 단순히 '착하게 살자'는 마음을 넘어, 사람들이 모여 사는 무리 속에서 서로 어긋나지 않게 지켜야 할 질서를 우리는 윤리라고 부릅니다.

륜(倫)은 사람들이 모여 이룬 무리 안에서 책 뭉치를 가지런히 정리하듯 지켜야 할 차례나 순서를 뜻합니다. 리(理)는 원석 안에 숨겨진 구슬의 결을 정교하게 다듬는 모습에서 유래하여, 억지로 만든 규칙이 아니라 인간의 본성에 흐르는 자연스러운 이치를 의미합니다.

어원으로 본 윤리는 인간관계의 무늬를 따라 흐르는 보편적인 이치를 말합니다. 나무의 결을 따라야 좋은 가구가 만들어지듯, 사람 사이의 질서를 지킬 때 비로소 우리 공동체는 튼튼하고 아름답게 유지될 수 있죠. 이것은 사람이라면 누구나 마땅히 걸어가야 할 올바른 길을 찾는 소중한 지혜입니다.

인문 지문에서 이 단어는 주로 '무엇이 옳은가'라는 판단의 근거로 등장하며, 인공지능이나 생명 과학처럼 현대 사회의 복잡한 문제를 다룰 때 주인공으로 쓰입니다. 출제자는 보통 윤리를 개인의 주관적인 취향이나 상황에 따른 편의로 설명하여 함정을 만드는데, 우리는 이것이 모든 인간에게 공통으로 적용되는 보편적 약속임을 잊지 말아야 합니다. 글쓴이가 강조하는 윤리의 기준이 '행동의 결과'에 있는지 아니면 '마음속의 동기'에 있는지 파악하는 것이 독해의 핵심입니다.

마땅히 그러하여야만 하는 도리를 고민하는 과정은 우리가 더불어 살아가기 위해 꼭 배워야 할 기술입니다. 내 행동이 타인에게 어떤 기억으로 남을지 깊이 고민하고 스스로 세운 도덕의 기준을 지켜보세요.

■ 이 단어가 시험지에 나올 때 ■

'윤리'라는 단어를 마주한다면, 이것이 개인의 단순한 취향이 아니라 모든 인간이 마땅히 따라야 할 보편적 기준을 가리키는지 체크하세요. 주관적 느낌이나 특정 상황의 편의를 윤리적 판단의 근거로 내세우는 선택지는 오답일 가능성이 큽니다. 특히 "결과가 좋으면 그만"이라는 생각과 "과정이 옳아야 한다"는 생각이 충돌할 때, 글쓴이가 어느 쪽에 서 있는지 정확히 선을 그어야 합니다. 결과의 유용성과 원칙의 정당성 중 무엇을 더 중시하는지 파악해 선택지를 판독하세요.

54

신념(信念)

마음에 뿌리박힌 흔들리지 않는 생각

信 (믿을 신)·念 (생각 념)　**사전적 의미**: 1. 굳게 믿는 마음. 2. 어떤 사상이나 견해를 진리로 믿고 그것을 지키려는 태도.

비바람이 강하게 불어도 깊게 뿌리 내린 나무는 쉽게 흔들리지 않고 제자리를 지킵니다. 이처럼 어떤 생각이나 가치를 진리라고 굳게 믿고, 주변 상황에 상관없이 그것을 끝까지 지키려는 단단한 마음을 우리는 신념이라고 부릅니다.

신(信)은 사람(人)이 내뱉은 말(言)을 끝까지 책임지고 지키는 정직함에서 유래하여, 스스로와의 약속을 저버리지 않는 강직함을 뜻합니다. 념(念)은 지금(今) 이 순간에도 늘 마음(心)속에 품고 있다는 의미로, 한순간의 감정에 휘둘리지 않고 늘 가슴 깊이 새기고 있는 생각을 의미합니다.

어원으로 본 신념은 자신이 옳다고 믿는 가치를 지금 이 순간에도 늘 마음속에 품고 있는 것입니다. 외부의 유혹이나 압박에 흔들리지 않고, 스스로 세운 내면의 원칙을 삶의 중심에 단단히 고정하여 잊지 않으려는 주체적인 의지의 상태이죠. 이는 단순히 아는 것을 넘어 내면의 소리를 행동의 뿌리로 삼아 늘 깨어 있는 마음을 유지하려는 숭고한 정신의 힘을 의미합니다.

인문이나 예술 지문에서 이 단어가 등장하면 해당 인물이 왜 그런 선택을 했는지 설명하는 결정적인 '행동 원인'으로 연결하여야 합니다. 출제자는 보통 인물이 외부의 강요 때문에 움직였다거나, 새로운 정보를 접하고 신념을 너무 쉽게 포기했다는 식의 오답 함정을 만듭니다. 하지만 신념은 쉽게 변하지 않는 일관된 성질을 가지고 있으므로, 인물의 행동이 내면의 자발적 의지에 의한 것인지 파악하는 것이 독해의 핵심입니다.

확고한 신념이 있는 사람은 눈앞의 점수나 결과에 일희일비하지 않고 공부하는 과정 자체를 소중히 여깁니다. 힘든 시간을 견디게 하는 가장 큰 에너지는 화려한 보상이 아니라, 내가 옳은 방향으로 가고 있다는 단단한 자기 확신이기 때문입니다.

이 단어가 시험지에 나올 때

인문 지문에서 '신념'이라는 단어를 만나면, 인물이 왜 손해를 보면서까지 그 길을 고집하는지 이유를 찾는 단서로 활용하세요. 그 선택이 외부에 의한 결과가 아니라 스스로 세운 원칙에서 비롯된 것인지 구분하는 것이 독해의 핵심입니다.
정보를 접하자마자 신념을 즉각 포기했다거나, 상황에 따라 가치관을 쉽게 바꿨다는 진술은 "굳게 믿는다"는 신념의 성질과 어긋나 오답일 가능성이 큽니다. 신념은 쉽게 뽑히지 않는 마음의 뿌리라는 점을 떠올리며 선택지를 판독하세요.

55

자존(自尊)

내 손으로 나를 받들어 높이는 마음 기둥

自 (스스로 자)·尊 (높을 존) **사전적 의미**: 1. 자기의 품위를 스스로 지킴. 2. 자기를 높여 존중함.

외부의 평가에 휘둘리지 않고 나를 스스로 귀하게 여기는 마음이 있습니다. 타인의 칭찬에 들뜨거나 비난에 무너지지 않도록 내면의 중심을 단단하게 잡아 주는 건강한 마음의 방어막을 우리는 자존이라고 부릅니다.

자(自)는 사람의 코 모양에서 유래하여 손가락으로 자기 코를 가리키며 '이것이 나다'라고 말하는 모습을 상징합니다. 존(尊)은 향기로운 술통을 두 손으로 정성껏 받들어 올리는 모습에서 유래하여 귀한 손님을 모시듯 대상을 극진히 예우하는 행위를 뜻합니다.

어원으로 본 자존은 자기 자신을 높은 곳에 모시듯 귀하게 받드는 마음입니다. 외부의 시선이나 환경이 변해도 결코 꺾이지 않는 내면의 중심 기둥이며, 스스로의 가치를 누구보다 먼저 인정하고 소중히 여기는 굳건한 태도죠. 이는 자신의 본질적인 아름다움을 튼튼한 손으로 받쳐 올리듯, 어떤 상황에서도 무너지지 않는 평온과 당당함을 유지하려는 주체적인 정신의 힘입니다.

심리나 사회 지문에서 이 단어가 등장하면 남과 비교하여 이기려는 '자존심'과 반드시 구별해서 읽어야 합니다. 출제자는 보통 타인의 인정이 없어서 자존감이 낮아졌다거나, 외부의 성공 덕분에 자존이 높아졌다는 식의 함정 선택지를 즐겨 만듭니다. 하지만 자존은 오직 스스로를 귀하게 여기는 내적인 태도이기에 외부 조건에 쉽게 흔들리지 않는다는 점을 파악하는 것이 독해의 핵심입니다. 지문 속에서 인물이 비난 속에서도 평온함을 유지한다면, 우리는 즉시 그 근거를 내면의 자존에서 찾아 판독하여야 합니다.

성적이 기대에 못 미치거나 계획이 틀어지는 순간이 오더라도, 그것이 여러분의 존재 자체가 흔들려야 할 이유는 아닙니다. 스스로를 존중하는 마음을 잃지 않을 때 여러분은 실패를 단순한 끝이 아닌 다시 일어설 소중한 거름으로 바꿀 수 있습니다.

■ 이 단어가 시험지에 나올 때 ■

인물의 심리를 다루는 지문에서 '자존'이라는 말이 보이면 그가 외부의 평가에 휘둘리는지, 아니면 스스로의 가치를 지켜내는지부터 확인하세요. 타인과의 비교를 통해 우월함을 증명하려는 자존심과 명확히 구분하는 것이 핵심입니다.
타인의 인정이 부족해서 자존이 낮아졌다는 설명이나 외적인 성취가 자존의 절대적 기준이라는 진술은 오답일 확률이 매우 높습니다. "내 손으로 나를 정성껏 받들어 올린다"는 어원의 이미지를 떠올리면 정답 판독에 도움이 될 것입니다.

56

정체(正體)

변하는 현상 속 변치 않는 본질의 뼈대

正 (바를 정)·體 (몸 체)　**사전적 의미**: 1. 변하지 아니하는 본래의 형체. 2. 어떤 사물의 본질.

유행에 따라 옷차림을 바꾸고 시간이 흐르며 키가 커지더라도, 나를 나라고 부를 수 있게 만드는 변하지 않는 알맹이가 있습니다. 겉으로 드러난 일시적인 모습이 아니라, 어떤 사물이나 사람이 가진 본래의 바르고 확실한 상태를 정체라고 부릅니다.

정(正)은 성을 향해 똑바로 걸어가는 발의 모습에서 유래하여, 주변 유혹에 흔들리지 않고 처음부터 끝까지 변치 않는 올곧은 방향을 뜻합니다. 체(體)는 몸의 중심을 잡는 뼈와 그릇이 합쳐진 모습으로, 겉모양은 바뀌어도 그 안에서 나를 단단하게 지탱해 주는 실질적인 뼈대를 의미합니다.

어원으로 본 정체는 바른 가치가 뼈대라는 단단한 근간 위에 실체로 굳어진 것을 말합니다. 시간이 흘러 겉모습은 변할지라도 결코 흔들리지 않는 내면의 중심축이며, 대상을 지탱하는 가장 진실하고 핵심적인 골격이죠. 이는 겉치레를 걷어냈을 때 나타나는 본질적인 형체이자, 어떤 대상을 다른 것과 명확히 구별해 주는 유일하고 고유한 성질을 의미합니다.

사회학 지문에서 정체라는 단어는 주로 개인이 사회 속에서 자신을 어떻게 정의하는지 설명하는 '정체성'이라는 용어로 자주 쓰입니다. 출제자는 보통 일시적인 기분 변화나 겉모습의 차이를 정체가 바뀐 것으로 교묘하게 설명하여 오답 함정을 만듭니다. 하지만 정체는 쉽게 변하지 않는 본질적인 뼈대와 같으므로, 근본적인 성질이 유지되고 있는지를 파악하는 것이 독해의 핵심입니다. 지문 속에서 "시간이 흘러도 변치 않는 핵심"을 다루는 장면이 나온다면 우리는 즉시 정체의 개념을 떠올려 판독하여야 합니다.

내 안의 바른 가치를 뼈대로 삼아 스스로를 정의할 때, 여러분은 어떤 환경에서도 흔들리지 않는 당당함을 갖게 될 것입니다. 자신의 정체를 명확히 아는 지혜를 가지길 바랍니다.

■ 이 단어가 시험지에 나올 때 ■

사회학 지문에 정체성이 나오면 그것이 타고난 본질인지, 혹은 사회적 관계 속에서 상호작용하며 형성된 모습인지를 구분해야 합니다. 정답의 관건은 인물이 "어떠한 사회적 맥락이나 관계를 근거로 자신을 규정하고 있는가"를 파악하는 것입니다. 선택지에서 일시적인 환경이나 역할 변화를 정체성 변화로 설명한다면, 겉모습과 내면의 근본 구조를 혼동한 오답일 가능성이 높습니다. 단순한 상황 변화가 아니라 그 인물을 규정하는 가치나 기준 자체가 근본적으로 바뀌었는지 판독해야 합니다.

57

인내(忍耐)

마음속 칼날을 품고 평온하게 버티기

忍 (참을 인)·耐 (견딜 내)　**사전적 의미:** 괴로움이나 어려움을 참고 견딤.

중요한 시험을 앞두고 놀고 싶은 마음을 누르거나, 힘든 훈련을 끝까지 마쳐본 적이 있을 것입니다. 이처럼 닥쳐온 시련이나 괴로움을 능동적으로 받아내며 목표를 향해 끝까지 버티는 힘을 우리는 인내라고 부릅니다.

인(忍)은 날카로운 칼날 아래에 심장이 놓인 모습에서 유래하여, 칼끝이 겨누는 듯한 극한의 고통 속에서도 고요하게 감정을 다스리는 내적인 통제력을 뜻합니다. 내(耐)는 수염을 깎이는 수치스러운 상황에서도 낯빛을 바꾸지 않고 버티는 모습에서 유래하여, 외부의 압박과 굴욕조차 견뎌내는 힘을 뜻합니다.

어원으로 본 인내는 심장에 닿은 칼날을 마음으로 받아내며 끝까지 견디는 것을 말합니다. 단순히 고통을 억누르며 시간을 보내는 무기력한 태도가 아니라, 뜨거운 기운을 안으로 갈무리하며 결정적인 변화의 순간을 향해 나아가는 역동적인 응축의 과정이죠. 이는 스스로 중심을 잃지 않고 묵묵히 제자리를 지키며, 거친 시련조차 부드럽고 무디게 만드는 가장 강한 마음의 무기입니다.

비문학이나 문학 지문에서 인내라는 단어가 등장하면 이것이 포기하고 물러나는 '체념'과 어떻게 다른지 구분하는 것이 독해의 핵심입니다. 출제자는 보통 인물이 상황을 해결할 방법이 없어 어쩔 수 없이 견디는 수동적인 상태를 인내라고 설명하여 오답 함정을 만듭니다. 하지만 인내는 칼날을 품으면서도 목표를 끝까지 유지하는 능동적인 태도이기에, 인물의 내면에 여전히 뜨거운 의지가 살아 있는지를 파악하는 것이 중요합니다.

지금 여러분이 겪는 시행착오와 막막함은 더 큰 사람이 되기 위해 단단해지는 과정인 담금질과 같습니다. 그 아픔을 기꺼이 받아내고 끝까지 자리를 지키는 사람만이, 마침내 인내라는 쓴 뿌리에서 피어난 가장 달콤한 결실을 맛보게 될 것입니다.

■ 이 단어가 시험지에 나올 때 ◀

문학 지문에서 '인내'라는 말이 보이면, 주인공이 고통 속에서도 처음 세운 목표를 여전히 붙잡고 있는지부터 확인하세요. 무력하게 상황을 받아들이는 체념과, 고통을 견디며 끝내 나아가려는 의지로서의 인내는 반드시 구분하여야 합니다.
인내의 과정이 결과와 무관한 정체된 시간으로 설명된다면, 이는 인내의 역동성을 무시한 오답일 가능성이 높습니다. 인내는 고통을 견디는 시간이 축적되어 결국 질적인 변화를 만들어내는 인과적 발판임을 떠올려 판독하여야 합니다.

58

실천(實踐)

관념의 땅을 실제로 밟아 열매 맺기

實 (열매 실)·**踐** (밟을 천)　**사전적 의미**: 생각한 바를 실제로 행함.

아무리 훌륭한 계획이나 아이디어가 머릿속에 가득해도, 그것을 행동으로 옮기지 않으면 아무런 일도 일어나지 않습니다. 이처럼 생각한 바를 현실에서 직접 행동으로 옮겨 구체적인 결과를 만들어내는 과정을 우리는 실천이라고 부릅니다.

실(實)은 집 안에 돈과 알맹이가 가득 찬 열매를 본뜬 글자로, 겉모양만 화려한 것이 아니라 속이 꽉 차 있는 '진실'과 '결과'를 뜻합니다. 천(踐)은 발로 땅을 꾹꾹 밟으며 힘차게 나아가는 모습으로, 남이 닦아놓은 길을 구경만 하지 않고 자신의 발로 직접 현장을 누비는 생생한 경험을 의미합니다.

어원으로 본 실천은 머릿속의 계획을 결과로 만들기 위해 현실이라는 땅을 직접 발로 밟으며 나아가는 것입니다. 추상적인 생각의 구름을 뚫고 내려와 우리 눈에 보이는 단단하고 구체적인 형체로 바꾸는 창조적인 몸짓이죠. 이는 머물러 있던 지식에 뜨거운 생명력을 불어넣어 살아 움직이게 하며, 막연한 가능성을 손에 잡히는 알맹이로 채워 가는 역동적인 행위를 의미합니다.

윤리나 사회 지문에서 실천이라는 단어는 지식이 진짜인지 가짜인지 판가름하는 기준으로 자주 등장합니다. 출제자는 보통 실천을 이론 뒤에 따라오는 단순한 부록처럼 설명하거나, 머리로 아는 것만으로도 충분하다는 식의 함정 선택지를 만듭니다. 하지만 실천은 관념의 영역을 넘어 경험의 세계에서 결과를 맺는 능동적인 과정이므로, 지문이 '지행합일(알고 행함이 하나임)'과 같은 철학적 태도를 강조하는지 파악하는 것이 독해의 핵심입니다.

공부 또한 실천이 없으면 그저 쌓여가는 종이 뭉치에 불과합니다. 오늘 배운 단어 하나를 지문에 직접 적용해 보거나 내 삶의 문장에 녹여 보는 작은 행동이 모여, 마침내 실력이라는 열매를 맺을 수 있습니다.

이 단어가 시험지에 나올 때

인문 지문에서 '실천'이라는 말이 보이면, 지식의 습득이 어떤 행동으로 이어지고 있는지부터 확인하세요. 머릿속 이해에 그치지 않고, 실제로 발로 땅을 밟는 의지와 행위가 뒤따를 때 지식이 알맹이를 얻는다는 연결 흐름을 포착하여야 합니다. 선택지에서 실천을 이론의 부수적인 결과로만 보거나, 실제 행동이 이론의 가치에 아무런 영향을 주지 못한다고 설명한다면 오답일 가능성이 높습니다. 이론이 현실 속에서 시험되고, 그 과정에서 의미를 완성해 가는지를 기준으로 판독하여야 합니다.

긍지(矜持)

내 실력을 믿고 스스로 떳떳하게 붙듦

矜 (자랑할 긍)·持 (가질 지)　**사전적 의미**: 자신의 능력을 믿음으로써 가지는 당당함.

다른 사람이 알아주지 않아도 내가 해온 노력에 대해 스스로 떳떳하고 당당하게 느끼는 마음이 있습니다. 자신의 능력이나 가치를 굳게 믿음으로써 생기는 이러한 고결한 마음가짐을 우리는 긍지라고 부릅니다.

긍(矜)은 전사가 전쟁터에서 창자루를 손으로 꽉 잡고 있는 모습에서 유래하여, 자신의 실력을 믿고 적 앞에서 당당하게 서 있는 자부심을 뜻합니다. 지(持)는 사찰의 법도를 지키듯 손으로 소중한 가치를 꽉 붙들고 있는 모습으로, 어떤 유혹이나 고난에도 그 마음을 무너뜨리지 않도록 간직하는 태도를 의미합니다.

어원으로 본 긍지는 스스로 닦아온 노력의 창자루를 굳게 쥐고 나 자신을 지켜내는 힘입니다. 외부의 차가운 평가나 흔들리는 상황 속에서도 내면의 중심을 잃지 않으며, 스스로의 가치를 끝까지 붙들어 보호하려는 숭고한 의지이죠. 이는 남에게 인정받으려는 욕구보다 스스로에게 당당한 마음을 우선하며, 어떤 시련 앞에서도 인간의 존엄을 무너뜨리지 않는 단단한 마음의 요새가 됩니다.

예술이나 인문 지문에서 긍지라는 단어는 시련을 만난 인물이 품위를 유지하는 이유를 설명할 때 자주 등장합니다. 출제자는 보통 긍지를 남에게 잘 보이고 싶어 하는 '명예욕'이나 '자만심'과 혼동하게 하여 오답 함정을 만듭니다. 하지만 긍지는 보상이 없어도 스스로를 신뢰하는 내면적인 태도이기에, 인물의 행동 근거가 물질적 이득이 아닌 존재에 대한 당당함에 있는지를 파악하는 것이 독해의 핵심입니다.

단순히 남보다 점수가 높다고 우쭐해하는 것이 아니라, 내가 쏟은 시간과 정성을 믿고 그 가치를 스스로 증명해 나가는 태도가 중요합니다. 자기 자신을 귀하게 여기고 그 가치를 끝까지 지켜낼 때, 여러분의 삶은 더 밝고 은은한 빛을 발하게 될 것입니다.

이 단어가 시험지에 나올 때

예술 지문에서 '긍지'라는 말이 보이면, 인물의 행동이 타인의 시선 때문인지, 아니면 스스로의 확신에서 비롯된 것인지부터 구분하세요. 남의 인정을 갈구하는 명예욕과 내 손에 쥔 창자루를 스스로 신뢰하는 태도로서의 긍지는 분명히 다릅니다. 선택지에서 보상이 주어지지 않아 긍지가 훼손되었다거나, 평가가 나빠지자 당당함을 잃었다고 설명한다면 긍지의 속성을 오해한 오답일 가능성이 높습니다. 어원을 떠올리며, 외부 평가와 무관하게 유지되는 태도인지를 기준으로 판독하여야 합니다.

60

절제(節制)
스스로 선을 그어 욕망의 과잉을 쳐냄

節 (마디 절)·**制** (억제할 제)　　**사전적 의미**: 정도에 넘지 아니하도록 알맞게 조절함.

맛있는 음식을 더 먹고 싶을 때나 늦게까지 게임을 하고 싶을 때, 스스로 마음을 다스려 멈춰 본 적이 있을 것입니다. 이처럼 무조건 참기만 하는 것이 아니라, 알맞은 정도를 알아 스스로 선을 넘지 않게 조절하는 행위를 우리는 절제라고 부릅니다.

절(節)은 대나무가 높이 자라면서도 부러지지 않게 지지해 주는 단단한 마디에서 유래하여, 무한정 뻗어 나가려는 욕망에 적절한 '매듭'을 짓는 것을 뜻합니다. 제(制)는 칼로 나무를 깎아 쓸모 있는 모양을 만드는 모습에서 유래하여, 제멋대로 자라난 가지를 잘라내어 균형을 맞추는 능동적인 조절을 의미합니다.

어원으로 본 절제는 대나무처럼 마디를 지어 넘치는 욕망을 깎아내고 다듬는 행위입니다. 무작정 뻗어 나가려는 본능을 잠시 멈추고, 적절한 지점에서 스스로를 규제하여 삶의 질서와 균형을 잡아가는 의지적인 선택이죠. 이는 욕망을 완전히 없애는 것이 아니라 불필요한 군더더기를 걷어내어 본질에 집중하게 하며, 스스로를 다스리는 힘을 통해 내면의 품격을 완성해 가는 과정입니다.

예술이나 인문 지문에서 절제라는 단어는 '간결함'이나 '여백의 미'를 설명할 때 주인공으로 등장합니다. 출제자는 보통 절제를 모든 욕망이나 표현을 완전히 없애는 '부정'의 의미로 설명하여 오답 함정을 만듭니다. 하지만 절제는 욕망과 이성 사이에서 가장 올바른 균형점을 찾아가는 과정이므로, 지문이 '지나치지도 모자라지도 않는 상태'를 강조하는지 파악하는 것이 독해의 핵심입니다. 지문 속에서 "불필요한 수식을 걷어내어 본질을 드러냈다"는 내용이 나온다면 절제의 미학이 작용하고 있는 것입니다.

지금 여러분이 당장의 즐거움을 잠시 미루고 스스로 마디를 만드는 시간은 결코 헛되지 않습니다. 불필요한 욕심을 칼로 깎아내고 단단한 마음의 뼈대를 세워 보세요.

이 단어가 시험지에 나올 때

윤리 지문에서 '절제'라는 말이 보이면, 그것을 욕망의 완전한 제거로 설명하는지, 아니면 적절한 조절로 설명하는지부터 확인하세요. 욕망을 아예 없애는 전면적 부정은 절제의 본래 의미와 어긋나는 오답일 가능성이 높습니다.

선택지에서 표현의 유혹을 참고 스스로 선을 그어 여백을 남기는 태도를 설명하고 있는지 주의 깊게 보세요. 과잉된 표현이나 넘치는 기교가 오히려 절제의 미덕을 드러낸다는 진술은, 절제가 '덜어냄'의 미덕이라는 어원과 정반대되는 오답입니다.

61

독립(獨立)

무리에 휩쓸리지 않고 내 발로 우뚝 섬

獨 (홀로 독)·立 (설 립)　**사전적 의미**: 1. 남에게 의존하지 아니하고 홀로 섬. 2. 지배를 받지 않는 주권 상태.

부모님의 도움 없이 스스로 숙제를 끝내거나, 친구들의 유행을 무작정 따르지 않고 내가 좋아하는 옷을 선택해 본 적이 있나요? 이처럼 남에게 의지하거나 외부의 간섭을 받지 않고, 자신의 의지와 힘으로 우뚝 서 있는 주체적인 상태를 독립이라고 부릅니다.

독(獨)은 무리에 휩쓸리지 않고 홀로 경계를 서는 고고한 모습에서 유래하여, 대중의 목소리에 묻히지 않고 자신만의 고유한 가치를 지켜내는 내면의 중심을 뜻합니다. 립(立)은 사람이 땅 위에 당당하게 두 발을 딛고 서 있는 형상으로, 타인에게 기대지 않고 스스로의 무게를 견뎌내며 일어서는 구체적인 행위를 의미합니다.

어원으로 본 독립은 홀로 중심을 잡고 당당하게 서는 것입니다. 타인과의 관계를 끊어버리는 외로운 고립이 아니라, 무리 속에서도 휘둘리지 않는 내면의 자율적인 힘을 기르는 과정이죠. 이는 남이 정해 준 길을 따라가는 것이 아니라 자신이 세운 원칙에 따라 행동하는 것이며, 어떤 환경에서도 스스로의 발자국을 믿고 묵묵히 나아가는 주체적인 삶의 태도입니다.

역사나 사회 지문에서 독립이라는 단어는 국가의 주권 회복뿐만 아니라 개인이 사회적 편견에서 벗어나는 정신적 성숙을 설명할 때도 자주 등장합니다. 출제자는 보통 영토를 되찾는 것 같은 외적인 변화만을 독립의 완성으로 설명하여 오답 함정을 만듭니다. 하지만 진정한 독립은 정신적인 '홀로 섬'이 동반되어야 하기에, 주체가 내면의 의지를 땅에 굳건히 뿌리 내리고 있는지를 파악하는 것이 독해의 핵심입니다.

독립은 거창한 선언이 아니라 '내 마음의 주인'이 되는 사소한 연습에서 시작됩니다. 남들이 무엇이라 하든 내가 옳다고 믿는 가치를 지켜주고, 넘어져도 내 힘으로 툭툭 털고 일어나는 마음의 근력을 길러 보세요.

이 단어가 시험지에 나올 때

지문에서 '독립'이라는 말이 보이면 이것이 껍데기만 갖춘 상태인지, 아니면 정신적인 주체성까지 확립된 상태인지부터 확인하세요. 단순히 지배에서 벗어난 상황을 넘어 주체적인 의지가 땅에 굳건히 뿌리를 내렸는지를 판독하여야 합니다.
"독립적인 개인은 사회적 관계를 전면 거부하고 홀로 살아간다"는 진술은 고립과 혼동하게 만드는 대표적인 오답입니다. 독립의 어원을 기억하며, 자율과 조화가 공존하는 지점을 찾아 정답의 적절성을 정확히 판독하여야 합니다.

62

자율(自律)
내 안의 법전을 쓰고 그 길을 스스로 걷기

自 (스스로 자)·律 (법률 률)　**사전적 의미**: 1. 자기 스스로의 원칙에 따라 어떤 일을 하는 일. 2. 객관적인 도덕 법칙에 따름.

심판이 없는 경기장에서도 규칙을 지키며 경기하는 모습처럼, 외부의 강요 없이 스스로 정한 원칙에 따라 움직이는 힘이 있습니다. 누군가 지켜보지 않아도 내면의 목소리에 귀를 기울이며 자신의 행동을 엄격하게 다스리는 능력을 자율이라고 부릅니다.

자(自)는 타인이 아닌 '나'를 가리키는 정직한 시선을 의미하며, 률(律)은 붓(聿)을 잡고 사람이 가야 할 길(彳)을 정교하게 그려놓은 규칙을 뜻합니다. 즉, 자율은 내 안의 붓으로 나만의 법전을 쓰고, 그 길을 남의 강요가 아닌 주체적인 의지로 묵묵히 걸어가는 단단한 태도를 상징합니다.

어원으로 본 자율은 스스로 자신의 법을 세우는 것입니다. 아무런 규칙이 없는 방종의 상태가 아니라, 자신이 세운 내면의 원칙을 누구보다 철저히 지키려는 엄격한 자기 통제를 의미하죠. 이는 외부에서 강요된 명령이 없어도 스스로 삶의 주인으로서 마땅히 가야 할 길을 결정하는 고차원적인 성숙함입니다.

윤리나 심리 지문에서 자율이라는 단어는 주로 외부의 명령에 따르는 '타율'과 대비되어 등장합니다. 출제자는 보통 자율을 어떤 규칙으로부터도 완전히 자유로운 상태로 설명하여 오답 함정을 만듭니다. 하지만 자율은 법이 없는 것이 아니라 스스로 만든 법을 따르는 상태이기에, 인물의 행동이 외부 압박 때문인지 아니면 내면의 신념 때문인지 파악하는 것이 독해의 핵심입니다. 지문 속에서 "스스로 정한 원칙에 따라 책임을 다했다"는 내용이 보인다면 우리는 즉시 자율의 원리가 작용하고 있음을 판독하여야 합니다.

남이 정해 준 숙제만 기계적으로 해내는 것이 아니라, 내가 정한 목표를 위해 소중한 오늘을 직접 기획하고 요리하는 인생의 셰프가 되어 보세요. 가끔은 귀찮음이 찾아오더라도 나 자신과 맺은 약속을 끝까지 지켜내는 연습이 필요합니다.

이 단어가 시험지에 나올 때

시험 문제에서 '자율'이라는 단어를 만나면, 그 의미가 스스로 세운 원칙에 따라 행동하는 것인지 확인하세요. 즉, 외부에서 강제된 규칙이 아니라 내면의 원칙이나 자기만의 법전에 따라 스스로를 이끌어 가는지를 보는 것이 판독의 핵심입니다. 선택지에서 타인의 지시나 외부 규범에 따라 움직이는 것을 자율이라고 한다면, 이는 오답일 가능성이 높습니다. 어원 이미지를 떠올리면서, 자기 스스로 정한 원칙에 따라 행동하는지를 기준으로 정답을 판독하면 됩니다.

63

극복(克服)

싸워 이겨서 파괴된 질서를 다시 찾음

克 (이길 극)·復 (회복할 복)   **사전적 의미**: 고통이나 어려움 따위를 이겨냄.

높은 담벼락에 막혀도 포기하지 않고 기어이 그 너머로 길을 찾아내는 발걸음처럼, 앞에 놓인 시련을 당당히 이겨내는 힘이 있습니다. 장애물이나 한계에 부딪혀 무너졌던 마음을 다시 본래의 단단한 상태로 되돌려 놓는 과정을 극복이라고 부릅니다.

극(克)은 머리에 무거운 투구를 쓴 전사가 힘차게 다리를 벌리고 서 있는 모습에서 유래하여, 아무리 무거운 압박이 짓눌러도 굴복하지 않고 상황을 압도하는 강한 정신력을 뜻합니다. 복(復)은 갔던 길을 다시 돌아오는 모습에서 유래하여, 파괴된 질서를 다시 세우고 본래 있어야 할 평화로운 자리로 발걸음을 돌리는 회복의 힘을 의미합니다.

어원으로 본 극복은 한계를 압도하고 본래의 당당한 자리로 돌아가는 힘입니다. 시련을 교묘하게 피하는 것이 아니라 정면으로 부딪쳐 잃어버렸던 삶의 주도권을 되찾는 역동적인 과정이죠. 이는 고난을 뚫고 나가는 용기이며, 위기를 겪기 전보다 우리를 더 단단하고 성숙한 존재로 거듭나게 만드는 숭고한 복귀이자 내면의 성장을 완성하는 치열한 투쟁의 결과입니다.

문학이나 사회 지문에서 극복이라는 단어는 인물이 시련을 통해 어떻게 변화했는지 보여주는 핵심적인 장치로 쓰입니다. 출제자는 보통 인물이 문제를 외면하거나 회피한 상황을 극복이라고 설명하여 오답 함정을 만듭니다. 하지만 극복은 반드시 고난과의 정면 승부를 전제로 하기에, 인물이 시련 속에서 무엇을 다시 얻었는지 파악하는 것이 독해의 핵심입니다.

사실 극복은 거창한 승리가 아니라 어제의 나보다 조금 더 단단해진 마음을 확인하는 일입니다. 지금 겪는 시련은 여러분을 무너뜨리는 파도가 아니라, 여러분을 더 높은 곳으로 밀어 올려줄 새로운 발판일 뿐입니다.

■■■■■ 이 단어가 시험지에 나올 때 ▶

문학 지문에서 '극복'이라는 말이 보이면, 주인공이 시련을 회피했는지, 아니면 정면으로 맞서 원래의 가치를 되찾았는지부터 확인하세요. 고통스러운 상황이 저절로 사라지기를 기다리는 태도는 극복이 아니라 버팀이기에 오답일 확률이 높습니다. 사회 지문에서 위기 극복을 과거 상태로의 단순한 회귀로 설명하는 진술 역시 함정일 가능성이 큽니다. 시련을 통과한 결과로 이전보다 한 단계 높은 질서나 구조가 형성되었는지, 즉 성장의 방향성이 제시되는지를 기준으로 판독하여야 합니다.

64

도전(挑戰)

한계의 벽을 건드려 깨우고 맞붙는 용기

挑 (돋울 도)·戰 (싸움 전) **사전적 의미**: 1. 정면으로 맞서 싸움을 걺. 2. 어려운 사업이나 기록 경신 따위에 맞섬.

안전한 항구에만 머물러 있는 배는 폭풍우를 피할 수는 있지만 넓은 바다의 보물을 발견할 수는 없습니다. 시련과 정면으로 맞서며 새로운 길을 개척하는 태도를 도전이라고 부릅니다.

도(挑)는 손(扌)으로 무언가를 툭 건드려(兆) 잠자고 있는 상황을 깨우는 모습에서 유래하여, 고여 있는 현실에 처음으로 균열을 내는 시작의 에너지를 뜻합니다. 전(戰)은 홑창을 들고 전쟁터에 나가는 전사의 결연함을 의미하며, 한계를 넘어서기 위해 끝까지 치열하게 부딪치는 개척자의 정신을 상징합니다.

어원으로 본 도전은 잠든 현실을 툭 건드려 깨우고 치열하게 싸우는 것입니다. 안일하게 멈춰 있던 상태에 균열을 내어 새로운 가능성을 일깨우고, 그 과정에서 마주하는 장애물에 당당히 응전하는 역동적인 움직임이죠. 이는 무모하게 뛰어드는 것이 아니라 자신의 신념을 행동으로 증명하려 고군분투하는 과정입니다.

과학이나 문학 지문에서 도전이라는 단어는 기존의 질서를 깨뜨리고 새로운 패러다임으로 나아가는 결정적인 계기로 등장합니다. 출제자는 보통 도전의 과정을 결과에만 집중하여 설명하거나, 위험을 피하며 안정을 추구하는 상황을 도전이라 표현하여 오답 함정을 만듭니다. 하지만 도전은 승패와 상관없이 전장에 발을 들이는 순간 시작되는 것이기에, 인물이 부수고자 하는 '한계의 벽'이 무엇인지 파악하는 것이 독해의 핵심입니다. 지문 속에서 "당연하게 여겨지던 사실에 의문을 제기했다"는 내용이 보인다면 우리는 도전의 원리가 작용하고 있음을 판독하여야 합니다.

사실 도전은 거창한 성공을 따내는 모험이라기보다, '한 번 해 볼까?' 하는 마음으로 마음의 벽을 툭 건드려 보는 일입니다. 완벽하게 준비한 뒤에 시작하려 하기보다, 밑져야 본전이라는 가벼운 마음으로 일단 첫발을 내디뎌 보세요.

■ 이 단어가 시험지에 나올 때

과학 지문에서 새로운 이론이 나오고 선지에 '도전'이 쓰였다면, 기존 이론에 대한 엄격한 검증과 반박을 뜻합니다. 지적 진보는 치열한 증명으로 성립되므로, 지문 내에 기존 질서를 뒤흔드는 논리적 근거가 명확히 제시되었는지 확인해야 합니다.
문학 지문에서 주인공이 위험한 길을 택했다면, 안락함을 벗어나려는 의지가 지문에 제시되었는지 살펴야 합니다. 현실에 안주하지 않고 나아가는 인물의 도전적 태도가 작중 정서적 지향점과 일치하는지 판독하는 것이 정답의 관건입니다.

65

고백(告白)
어둠 속 감췄던 진실을 빛으로 꺼내기

告 (고할 고)·白 (흰 백)　**사전적 의미**: 1. 마음속에 숨겨 두었던 사실을 사실대로 말함.
2. 지은 죄를 신 앞에 고백하여 용서를 구함.

누군가를 좋아하는 마음을 전하거나, 감추고 싶었던 나의 잘못을 솔직하게 털어놓아 본 적이 있나요? 이처럼 마음 깊은 곳에 숨겨 두었던 진실을 꺼내어 놓거나, 자신의 연약한 부분을 상대에게 있는 그대로 내보이는 용기 있는 행동을 고백이라고 부릅니다.

고(告)는 제사 때 신령에게 제물에 대해 사실대로 아뢰는 모습에서 유래하여, 자신의 진심을 정성스럽게 받들어 올리는 경건하고 정중한 태도를 뜻합니다. 백(白)은 태양처럼 환하고 투명한 빛을 본뜬 글자로, 어둠 속에 숨겨진 비밀을 햇살 아래 드러내듯 속마음을 숨김없이 하얗게 보여주는 행위를 의미합니다.

어원으로 본 고백은 마음속 진심을 정중히 아뢰어 하얗게 밝히는 것입니다. 내면의 어두운 구석에 숨겨두었던 생각이나 감정을 햇살 아래 투명하게 드러내어, 숨기는 것이 하나도 없는 깨끗한 상태로 되돌리는 용기 있는 행위이죠. 이는 자신의 허물을 덮으려 애쓰기보다 있는 그대로의 모습을 정직하게 마주하는 일입니다.

문학이나 수필 지문에서 고백이라는 단어는 주로 화자의 내면 성찰이나 인물 간의 갈등을 해결하는 '진실의 목소리'로 등장합니다. 출제자는 보통 고백을 단순한 정보 전달이나 자기자랑으로 설명하여 오답 함정을 만들지만, 고백은 자신의 약점까지 솔직하게 드러내는 용기를 전제로 한다는 점을 잊지 말아야 합니다. 화자가 자신의 속마음을 편지 형식으로 전하거나 참회하는 태도를 보인다면 우리는 즉시 고백의 원리가 작용하고 있음을 판독하여야 합니다.

사실 고백은 누군가를 좋아하는 마음뿐만 아니라, '아직은 잘 모른다'는 나의 상태를 솔직하게 인정하는 것까지 포함합니다. 모르는 것을 모른다고 하얗게 드러낼 때 비로소 진짜 배움의 공간이 생겨나고 부족한 부분을 채워 나갈 수 있기 때문입니다.

문학 문제에서 '고백적 어조'라는 선택지가 보이면, 화자가 자신의 내면이나 부끄러운 과거를 숨김없이 털어놓고 있는지부터 확인하세요. 1인칭 시점에서 자신의 진심을 독자에게 정성스럽게 아뢰는 장면이 제시되는지 포착하는 것이 핵심입니다.
자신을 미화하거나 사건을 객관적으로 전달하는 데 그치는 문장은 고백적 태도와 거리가 먼 오답일 확률이 높습니다. 속마음을 정직하게 드러내며 자기 성찰로 나아가는 대목이 있는지를 지문 속에서 찾아 정답을 판독하여야 합니다.

66

연민(憐憫)

타인의 아픔이 내 마음을 베고 지나감

憐 (불쌍히 여길 연)·**憫** (불쌍히 여길 민)　**사전적 의미**: 1. 불쌍하고 가엽게 여김. 2. 타인의 불행을 자기 일처럼 슬퍼함.

슬픈 처지에 놓인 친구를 보았을 때, 가슴 한구석이 찌릿하게 아파오는 느낌을 받아본 적이 있나요? 이처럼 타인의 슬픔이나 불행을 멀리서 구경하는 것이 아니라, 마치 내 일처럼 느끼며 함께 슬퍼하고 가엾게 여기는 마음을 연민이라고 부릅니다.

연(憐)은 마음(心)과 이웃(隣)의 의미가 합쳐져, 곁에 있는 이웃의 고통을 내 마음속으로 기꺼이 끌어당겨 함께 아파하는 의지를 뜻합니다. 민(憫)은 좁은 문(門) 틈에 끼인 듯 마음(心)이 조여오고 괴롭다는 뜻으로, 타인의 상처를 보았을 때 마치 내 마음이 베인 것처럼 생생한 통증을 함께 겪는 상태를 의미합니다.

어원으로 본 연민은 타인의 아픔을 내 마음으로 끌어당겨 함께 고통을 느끼는 것입니다. 누군가의 힘겨운 상황을 목격했을 때 터져 나오는 따뜻한 탄식이자, 상대의 고난을 남의 일로 두지 않고 기꺼이 내 영혼의 한구석에 함께 짊어지려는 자애로운 마음이죠. 이는 타인과 나 사이의 보이지 않는 벽을 허물어 서로를 하나의 생명으로 묶어 주는 강력한 감정의 끈입니다.

문학이나 수필 지문에서 연민이라는 단어는 주로 화자가 대상을 바라보는 따뜻한 '태도'를 설명할 때 주인공으로 등장합니다. 출제자는 보통 연민을 대상을 비웃는 '냉소'나 멀리서 지켜보기만 하는 '객관적 관찰'로 설명하여 오답 함정을 만들지만, 연민은 반드시 대상과 마음을 하나로 합치는 깊은 공감을 전제로 합니다. 화자가 약한 존재를 향해 안타까워하거나 그들의 슬픔을 대신 전하고 있다면 연민의 원리가 작용하고 있음을 판독하여야 합니다.

오늘 하루는 타인의 슬픔뿐만 아니라 지쳐 있는 나 자신의 마음에도 귀를 기울여 보세요. 사실 연민은 남을 돕는 예쁜 마음인 동시에, 실수하고 넘어진 나에게 가장 먼저 건네야 할 따뜻한 위로의 선물이기 때문입니다.

■ 이 단어가 시험지에 나올 때 ■

문학 문제에서 '연민의 시선'이라는 선택지를 보면, 화자가 대상의 처지를 자신의 일처럼 가깝게 느끼며 안타까워하는지를 먼저 확인하세요. 소외된 이웃이나 약한 존재를 대신해 슬퍼하거나 탄식하는 장면이 있는지를 포착하는 것이 핵심입니다. 대상을 비웃거나 일정한 거리를 두고 객관적으로 분석하는 진술은 연민과는 어긋나는 오답일 확률이 매우 높습니다. 내 마음이 문틈에 끼인 듯 함께 통증을 느낀다는 어원적 이미지를 떠올리며 정답을 판독하세요.

지문을 완벽히 이해하고도 오답을 고르는 이유는 '문제와 선택지'
의 언어를 판독하지 못했기 때문입니다. 출제자는 '해당', '상충',
'왜곡' 같은 날카로운 단어들을 선택지 곳곳에 매복시켜 여러분의
실수를 유도합니다. 시험지라는 경기장에서 승리하기 위해서는
질문의 의도를 꿰뚫는 최후의 기술이 필요합니다.

6장은 여러분이 배운 모든 지식을 정답으로 연결하는 '최종 판독
장치'입니다. 지문의 정보가 선택지와 어떻게 '부합'하고 어디서
'괴리'가 생기는지 그 틈새를 찾아내는 훈련을 합니다. 이 장을 마
치는 순간, 여러분은 더 이상 시험지에 휘둘리지 않고 출제자의
심리를 읽어내는 '논리의 승부사'가 되어 있을 것입니다.

6장

심화·출제

시험지 속 함정을 피하고
의도를 읽는 한자어

67

해당(該當)

조건의 그물이 정답의 범위를 낚는 순간

該 (마땅할 해)·當 (당할 당)   **사전적 의미**: 1. 어떤 범위나 조건에 바로 들어맞음.
2. 바로 그 대상이 됨.

수많은 열쇠 중에서 자물쇠의 홈에 한 치의 오차도 없이 맞물려 경쾌한 소리를 내며 돌아가는 순간이 있습니다. 이처럼 정해진 기준이나 규칙에 조금의 어긋남도 없이 딱 들어맞아 비로소 올바른 주인을 찾게 되는 논리적 연결을 우리는 해당이라고 부릅니다.

해(該)는 말의 뿌리부터 잎사귀까지 빈틈없이 갖춰져 논리적으로 완벽한 상태를 뜻하며, 마땅히 갖추어야 할 엄격한 기준을 상징합니다. 당(當)은 밭의 경계가 서로 마주 보듯 두 대상이 빈틈없이 맞물리는 모습으로, 자물쇠에 열쇠가 들어가 딱 들어맞는 것처럼 단단한 결합을 의미하죠.

어원으로 본 해당은 제시된 조건과 실제 대상이 일대일로 정확히 맞물리는 것입니다. 이는 어떤 체계 안에서 마땅히 갖추어야 할 요건들이 실제의 모습과 빈틈없이 일치하여 비로소 하나의 운명으로 묶이는 필연적인 과정입니다. 혼란스러운 상태들 사이에서 기준이라는 그물에 정확히 걸려드는 실체를 찾아내어 명확한 질서를 부여하는 정밀한 판독 행위입니다.

심화 지문에서 이 단어는 주로 조건의 범위를 교묘하게 비트는 함정으로 등장합니다. 출제자는 여러 요건 중 아주 사소한 하나를 빠뜨린 사례를 제시하고는, 그것이 마치 규칙에 부합하는 것처럼 꾸며 우리를 유혹하죠. 따라서 지문이 제시한 마땅한 기준들을 낱낱이 쪼개어 사례와 일대일로 대조하며, 밭의 경계가 맞물리듯 모든 조건이 충족되었는지 확인하는 것이 독해의 핵심입니다.

세상에는 참 많은 기준이 있지만, 정작 중요한 것은 나에게 해당되는 진실을 찾는 일입니다. 남들이 말하는 성공 공식에 나를 억지로 끼워 맞추기보다, 내 마음의 결에 꼭 맞는 삶의 조건을 먼저 발견해 보세요.

조건 충족 여부를 묻는 문제에서 '해당'이라는 말이 나오면, 지문이 제시한 요건 목록을 먼저 정리하세요. 출제자는 요건의 일부만 충족된 사례를 정답처럼 보이게 만들 수 있으므로, 모든 기준이 완벽히 맞아떨어지는지를 꼼꼼히 확인하여야 합니다. 선택지가 예외 없는 적용을 주장한다면, 지문의 기준과 실제 사례가 일대일로 정확히 대응하는지를 대조하세요. 마치 어원 이미지처럼 밭의 경계선이 딱 맞물리듯, 모든 조건이 충족되었는지 확인하여 억지로 끼워 맞춘 오답을 가려내야 합니다.

68

왜곡(歪曲)
곧은 사실을 제멋대로 구부려 놓은 비틀림

歪 (비뚤 왜)·曲 (굽을 곡) **사전적 의미**: 1. 사실과 다르게 해석하거나 그르치게 함.
2. 사물이 비뚤어짐.

거울 면이 휘어 있으면 비치는 사람의 얼굴이 길어지거나 뭉개져 보이듯이, 사실을 있는 그대로 보여주지 않고 특정 의도에 따라 비틀어버리는 행위가 있습니다. 어떤 목적을 가지고 형체를 인위적으로 변형시켜 본질을 가리는 것을 왜곡이라고 부릅니다.

왜(歪)는 바를 정(正)이 아니다(不)라는 글자 구조를 그대로 가지고 있어, 똑바로 서 있어야 할 기둥이 옆으로 기울어지거나 균형이 깨진 모습을 뜻합니다. 곡(曲)은 대나무 바구니처럼 굽은 모양을 본뜬 글자로, 곧게 뻗은 직선이 아닌 제멋대로 구불구불하게 휜 선을 의미합니다.

어원으로 본 왜곡은 바름을 부정하고 사실을 제멋대로 구부리는 것입니다. 이것은 사실의 뼈대를 강제로 휘게 만들어 정보가 가진 원래의 의미를 상실하게 하는 파괴적인 힘입니다. 정직한 직선의 흐름을 방해하여 진실을 비정상적으로 찌그러뜨리고, 보는 이로 하여금 본질을 오해하게 만드는 일종의 폭력적인 변형을 뜻합니다.

심화 지문이나 매체 비평 지문에서 이 단어는 출제자가 오답 선택지를 만드는 핵심 기술로 사용됩니다. 출제자는 지문의 직선적인 사실을 가져와 교묘한 수식어나 주관적인 해석을 덧붙여 구부러진 곡선으로 변주시킨 뒤 우리를 유혹합니다. 따라서 지문의 원문과 선택지의 진술을 일대일로 겹쳐보며, 바른 연결이 어느 지점에서 굽은 연결로 바뀌어 논리적 비약이 생겼는지 찾아내는 것이 독해의 핵심입니다.

때로는 타인의 편견이나 시선이 여러분의 노력을 왜곡해서 비출 때가 있습니다. 하지만 남이 멋대로 구부려 놓은 내 모습 때문에 속상해하기보다 여러분의 본질은 언제나 곧게 빛나고 있다는 사실을 잊지 마세요.

■ 이 단어가 시험지에 나올 때 ■

매체 비평이나 논증 지문에서 '왜곡'이라는 말이 나오면, 지문의 직선적인 사실이 선택지에서 어떤 식으로 비틀렸는지부터 확인하세요. '바르지 않게 구부러졌다'는 어원을 떠올리며, 원래 의미가 어디서 찌그러졌는지를 포착하는 것이 핵심입니다. 정보 전달 지문에서는 인과관계를 뒤집거나 상관없는 사건을 억지로 연결하는 함정을 주의하여야 합니다. 논리적 연결 고리가 정직하게 이어지지 않고 구부러진 부분이 있는지 날카롭게 검증하여 오답을 가려내면 됩니다.

맥락(脈絡)
보이지 않는 혈맥을 따라 앞뒤를 잇기

脈 (줄기 맥)·絡 (잇을 락)　**사전적 의미**: 1. 사물이 서로 이어져 있는 관계. 2. 문장에서 앞뒤 문맥의 연결.

낱알로 흩어져 있을 때는 가치를 모르던 구슬들이 하나의 실에 꿰어져 아름다운 목걸이가 되듯, 개별적인 사건이나 정보를 하나로 이어 주는 연결 고리가 있습니다. 눈앞의 사실들에만 매몰되지 않고 전체적인 상황을 이해하는 질서를 맥락이라고 부릅니다.

맥(脈)은 몸 안에서 피가 흐르는 통로인 혈맥에서 유래하여, 처음부터 끝까지 이어지는 생명력의 흐름을 상징합니다. 락(絡)은 실로 각기 다른 조각들을 단단히 묶어놓은 모습으로, 흩어져 있는 정보들을 하나의 그물처럼 연결하는 끈의 역할을 의미합니다.

어원으로 본 맥락은 줄기를 짚어 의미를 하나로 묶는 것입니다. 이는 고정된 형태에 갇히지 않고 주변의 기운에 따라 유연하게 변화하며 전체의 흐름을 완성해 가는 역동적인 생명력의 통로입니다. 낱낱의 개체가 가진 경계를 넘어 보이지 않는 끈으로 서로를 지탱할 때, 비로소 대상이 가진 진정한 의미와 가치가 선명하게 드러나기 시작합니다.

심화 지문에서 맥락은 출제자가 단어의 의미를 비틀어 함정을 파는 가장 흔한 도구가 됩니다. 출제자는 맥락을 무시한 채 단어의 사전적 정의만 그대로 옮겨놓은 선택지를 배치하여, 문장의 흐름을 놓친 학생들을 유혹하죠. 따라서 해당 단어의 자리에 다른 말을 넣어 보며 앞뒤 문장의 기운이 자연스럽게 연결되는지 대조하는 것이 독해의 핵심입니다.

우리의 삶 또한 단편적인 사건이 아니라 거대한 맥락 속에서 흐르고 있습니다. 오늘의 실패가 당장은 아픈 점 하나일지라도, 훗날 돌아보면 성장을 위해 반드시 필요했던 소중한 연결고리였음을 알게 될 거예요.

이 단어가 시험지에 나올 때

문맥적 의미를 묻는 문제에서 '맥락'이라는 말이 나오면, 단어의 고정된 사전적 의미가 아니라 앞뒤 문장과의 연결성을 먼저 확인하세요. 마치 줄기를 따라 피가 흐르듯, 문장 사이의 기운이 자연스럽게 이어지는지를 포착하는 것이 핵심입니다. 사회나 역사 지문에서 사건을 고립된 단일 사례로만 이해하여야 한다는 진술은 보이지 않는 연결 고리를 무시한 오답일 가능성이 큽니다. 사건들 사이를 잇는 보이지 않는 맥락을 파악하여 정답을 판독하여야 합니다.

70

포괄(包括)
흩어진 사례를 하나의 그물 안에 묶음

包 (쌀 포)·括 (묶을 괄)　**사전적 의미:** 어떤 대상이나 현상을 어떤 범위 안에 모두 끌어 넣음.

바닷가에 흩어진 수많은 조각조각의 조개껍데기들을 커다란 그물 하나로 남김없이 건져 올리듯, 서로 다른 사례들을 하나의 큰 테두리 안에 아우르는 상태가 있습니다. 무질서했던 정보들에 명확한 경계를 부여하는 지적 행위를 포괄이라고 부릅니다.

포(包)는 어머니의 태중에 아이가 들어 있는 모양에서 유래하여, 소중한 생명을 밖으로 나가지 못하게 따뜻하게 감싸 안는 모습을 상징합니다. 괄(括)은 손으로 흩어진 화살들을 모아 끈으로 꽉 묶는 모습에서 유래하여, 여기저기 흩어져 있는 정보들을 하나의 묶음으로 고정하여 관리하는 정교한 정리의 힘을 의미합니다.

어원으로 본 포괄은 따뜻하게 감싸 안아 하나로 묶는 것입니다. 이는 단순히 정보를 덮어두는 것이 아니라, 개별적인 데이터들을 관통하는 핵심 줄기를 찾아내어 상위의 질서 안으로 수용하는 논리적 연결 과정이죠. 낱낱의 사례가 가진 특성을 잃지 않으면서도 그것들이 공통으로 지향하는 하나의 체계 속에 정중히 안착시키는 포용의 원리입니다.

심화 지문에서 이 단어는 주로 주제 찾기나 범주 판정 문제의 함정으로 쓰입니다. 출제자는 지문의 일부분만 설명하는 좁은 선택지를 제시하여, 지문 전체를 싸안지 못하는 함정을 파놓습니다. 따라서 선택지가 지문의 첫 문단부터 마지막 문단까지를 모두 묶어낼 수 있는 충분한 크기인지 대조하는 것이 독해의 핵심입니다. 지문 속에서 "종합하면" 혹은 "전체를 아우르는"과 같은 표현이 나온다면 우리는 즉시 포괄의 범위를 판독하여야 합니다.

사실 포괄은 나와 다른 타인의 생각까지 내 마음의 테두리 안으로 들여놓는 너른 마음을 뜻하기도 합니다. 정답과 오답만 성급히 나누는 좁은 시선에서 벗어나, 세상의 다양한 가치를 있는 그대로 품어 보세요.

이 단어가 시험지에 나올 때

글의 제목이나 주제를 묻는 문제에서 '포괄'이라는 말이 보이면, 선택지가 지문의 전체를 아우르고 있는지를 확인하세요. 지문의 한 부분만을 강조하는 선택지는 전체를 포함하는 능력이 부족한 오답일 가능성이 높습니다.

사회나 법학 지문에서 상위 개념이 하위 항목들을 포함하는 논리가 나온다면, 선택지의 포괄 범위를 대조하여야 합니다. 선택지가 예외 없이 모든 항목을 포함한다고 할 때, 실제로 지문의 그물망이 그 예외까지 담고 있는지 살펴보아야 합니다.

71

결핍(缺乏)

알맹이가 빠져나가 생긴 치명적 빈자리

缺 (이지러질 결)·乏 (모자랄 핍)　**사전적 의미**: 있어야 할 것이 없거나 모자람.

정교하게 돌아가던 기계에서 작은 부품이 빠지는 바람에 장치 전체가 멈춰 서듯, 꼭 있어야 할 필수적인 요소가 사라져 제 기능을 못 하는 상태가 있습니다. 보이지 않는 빈자리가 전체의 흐름을 방해하고 있음을 알리는 위험 신호를 결핍이라고 부릅니다.

결(缺)은 온전하여야 할 그릇(缶)이 깨져서 틈이 생긴 모습에서 유래하여, 담겨 있어야 할 소중한 내용물이 새어 나가는 손상된 상태를 뜻합니다. 핍(乏)은 똑바로 나아가려 해도 기운이 없어 거꾸러진 형상을 본뜬 글자로, 에너지가 바닥나 활동이 중단될 위기에 처한 상태를 의미합니다.

어원으로 본 결핍은 그릇이 깨져 내용물이 새어 나가고 기운이 다해 멈춰버린 상태입니다. 이는 필수 요소가 부재하여 생명력이나 시스템이 정상적으로 작동하지 못하고 마비되는 치명적인 결함을 뜻하죠. 깨진 그릇에 물을 채울 수 없듯, 성장을 가로막는 근본적인 빈자리가 어디인지 찾아내어 그 원인을 분석하는 것이 결핍이라는 단어가 지닌 핵심적인 원리입니다.

심화 지문에서 이 단어는 출제자가 인과관계 함정을 파는 단골 소재로 사용됩니다. 출제자는 지문에서 결핍의 원인을 설명한 뒤, 선택지에서는 그 원인을 슬쩍 바꾸거나 엉뚱한 결과를 연결하여 우리를 낚으려 합니다. 따라서 깨진 구멍이 무엇인지, 그로 인해 멈춰버린 기운이 어떤 현상으로 나타났는지 문맥을 통해 잘 분석하여야 합니다. 지문 속에서 "필수 요소의 부재로 인해 기능이 저하되었다"는 서술이 나온다면 결핍의 논리 구조를 판독하여야 합니다.

사실 우리 마음의 결핍은 무언가를 더 간절히 채우고 싶게 만드는 성장의 신호이기도 합니다. 지금 내가 부족하다고 느끼는 그 빈자리는 사실 여러분이 앞으로 더 멋지게 자라나서 가득 채울 수 있는 가능성의 공간이기 때문입니다.

이 단어가 시험지에 나올 때

문제 해결형 지문에서 '결핍'이라는 말이 보이면, 지문이 말하는 반드시 채워야 할 빈칸이 무엇인지 확인하세요. 출제자는 결핍의 원인과 현상을 교묘하게 섞어 선택지를 만들 수 있으므로, 어떤 알맹이가 빠져나갔는지를 포착하는 것이 핵심입니다. 선택지가 단순히 물리적인 양이 충족되었으니 결핍이 없다고 주장한다면, 이는 지문이 말하는 심리적 빈자리나 상대적 결핍을 무시한 오답일 가능성이 높습니다. 절대적인 양에 속지 않고 상대적 결핍의 개념을 파악하는 것이 중요합니다.

(72)

변주(變奏)

바탕은 지키되 형식을 바꿔 지루함을 깸

變 (변할 변)·奏 (연주할 주) **사전적 의미**: 1. 어떤 주제를 바탕으로 리듬 등을 변형하여 연주함. 2. 형태나 성질을 바꾸어 나타냄.

음악가들이 하나의 멜로디를 느리게 연주했다가 다시 아주 빠르게 바꾸어 연주하는 모습을 본 적이 있나요? 이처럼 원래의 바탕은 유지하면서 리듬이나 선율을 살짝 바꾸어 새롭게 표현하는 것을 변주라고 부릅니다.

변(變)은 얽힌 실을 풀기 위해 손에 막대기를 들고 자극을 주어 상태를 바꾸는 모습에서 유래하여, 꼬인 것을 풀어내어 새로운 질서를 만드는 변화를 뜻합니다. 주(奏)는 양손으로 악기를 정성스럽게 받들어 다루는 모습에서 유래하여, 중심이 되는 원형의 가치를 소중히 여기며 정성을 다해 표현하는 연주를 의미하죠.

어원으로 본 변주는 원형의 가치를 소중히 받들어 새롭게 변화시키는 것입니다. 이는 주제를 반복하되 지루함을 깨고 생명력을 더하는 장치이며, 무엇을 남기고 변형했는지 그 경계를 살피는 것이 변주의 핵심 원리입니다. 바탕이 되는 뿌리를 굳건히 지키면서도 곁가지에 새로운 빛깔을 입히는 과정을 통해, 대상이 가진 깊이와 확장성을 동시에 완성해 가는 역동적인 표현 방식입니다.

심화 지문에서 이 단어는 출제자가 공통점과 차이점을 묻는 정교한 함정으로 사용됩니다. 출제자는 변주된 부분을 보고 전혀 새로운 내용이 등장했다거나 원래의 의미가 사라졌다는 식의 극단적인 선택지를 만들어 우리를 유혹하죠. 하지만 변주는 바탕을 지키는 것이 핵심이므로, 무엇이 바뀌었는지와 무엇이 끝까지 유지되었는지 그 연결 고리를 찾아내는 것이 독해의 핵심입니다.

사실 우리의 일상도 매일 조금씩 다르게 연주되는 변주곡과 같습니다. 어제와 똑같은 하루인 것 같아도 오늘 여러분이 보탠 작은 미소와 새로운 도전이 삶이라는 노래를 더욱 풍성하게 만들고 있기 때문입니다.

이 단어가 시험지에 나올 때

문학 감상 지문에서 '변주'라는 말이 나오면, 원형과 변형의 비율을 먼저 확인하세요. 출제자는 변주를 통해 원래 의미가 완전히 사라졌다고 하는 선택지로 함정을 만들 수 있지만, 변주는 바탕을 존중하며 변화를 준 과정임을 기억하여야 합니다. 따라서 선택지에서 기존 이론과 완전히 결별했다는 식으로 말한다면, 지문에서 변주라는 표현을 통해 선대의 아이디어를 어떻게 계승하고 있는지를 파악하여야 합니다. 무엇이 변했고 무엇이 유지되는지, 그 연결 고리를 찾아 정답을 판독하세요.

73

함의(含意)

문장 이면에 머금듯 숨겨둔 깊은 속뜻

含 (머금을 함)·意 (뜻 의) **사전적 의미:** 말이나 글 속에 어떠한 뜻을 담고 있음. 또는 그 뜻.

친구의 말 한마디에서 "진짜 하고 싶은 말이 따로 있는 것 같은데?"라고 느껴본 적이 있나요? 이처럼 문장 표면에 직접 나타나 있지 않지만, 그 속에 숨겨져 있어 깊이 파헤쳐야만 알 수 있는 속뜻을 함의라고 부릅니다.

함(含)은 입(口) 안에 무언가를 물고 뱉지 않는 모습에서 유래하여, 밖으로 드러내지 않은 채 소중히 간직한 상태를 상징합니다. 의(意)는 마음(心)에서 울려 나오는 소리(音)라는 뜻으로, 겉으로 들리는 목소리보다 더 근본적인 인간의 깊은 생각이나 의지를 의미하죠.

어원으로 본 함의는 진실한 뜻을 입안에 소중히 머금고 있는 상태입니다. 이는 겉으로 직접 말하지 않아도 그 의미가 문장 전체에 은은하게 배어 있어, 전체의 흐름을 읽어낼 때 비로소 드러나는 논리적인 실마리입니다. 입안에 머금은 것이 무엇인지에 따라 전체의 맛이 달라지듯, 드러나지 않은 속뜻이 사실 뒤에 숨은 본질을 찾아내게 하는 결정적인 역할을 합니다.

심화 지문에서 이 단어는 출제자가 추론적 독해 능력을 측정하기 위해 설계하는 가장 정교한 장치입니다. 출제자는 지문에 직접 언급된 사실만 그대로 옮겨놓은 선택지를 배치하여, 문장 이면의 의미를 읽지 못하는 학생들을 유혹하죠. 따라서 지문이 특정 사실을 함의한다고 할 때, 비록 입 밖으로 뱉지는 않았으나 논리적으로 연결된 마음의 소리가 무엇인지 문맥을 통해 끄집어내는 것이 독해의 핵심입니다.

사실 우리가 나누는 대화의 진심은 말 그 자체보다 그 속에 머금은 함의에 있을 때가 많습니다. 상대의 투박한 말속에 숨겨진 따뜻한 응원을 찾아내거나 내 침묵 속에 담긴 진심을 전할 줄 아는 지혜가 필요하기 때문입니다.

추론적 독해 문제에서 '함의'라는 말이 나오면, 지문의 사실로부터 필연적으로 도출되는 결론이 무엇인지 먼저 확인하세요. 말로 직접 드러내지 않아도 논리적으로 이어진 숨겨진 의미를 끄집어내는 것이 판독의 핵심입니다.
선택지에서 글의 내용만으로는 알 수 없다고 주장할 때, 그 내용이 글자 사이에 이미 내포된 논리적 귀결인지를 정확하게 확인하여야 합니다. 필연적으로 따라오는 결과를 찾아 정답의 적절성을 정확히 판독하여야 합니다.

74

부합(符合)

부러진 조각을 합쳤을 때 딱 맞아떨어짐

符 (부신 부)·合 (합할 합)　**사전적 의미**: 부신(符信)이 꼭 맞듯 사물이나 현상이 서로 꼭 들어맞음.

세상의 수많은 정보 중에서 조금의 어긋남 없이 서로 완벽하게 일치하는 상태를 부합이라고 부릅니다. 쪼개진 조각들을 다시 합쳤을 때 그 단면의 결까지 딱 들어맞는 정밀한 관계를 뜻하죠.

부(符)는 대나무를 쪼개어 만든 증표로, 옛날에 중요한 약속을 확인하기 위해 둘로 나눴다가 다시 맞춰 보던 '부신'에서 유래했습니다. 쪼개진 단면의 거친 결이 서로 완벽하게 맞물려야만 비로소 진짜임을 증명할 수 있었죠. 합(合)은 그릇과 그 뚜껑이 빈틈없이 딱 맞는 모습을 본뜬 글자로, 내용물이 새 나가지 않도록 선이 일치하는 상태를 의미합니다.

어원으로 본 부합은 부신을 맞추어 하나로 합치는 것입니다. 가설이라는 반쪽과 실험 결과라는 반쪽이 합쳐질 때 진리로 인정받듯, 제시된 기준과 실제 대상 사이의 결이 빈틈없이 맞는지를 냉철하게 살피는 것이 부합의 본질입니다. 이는 내 머릿속의 생각과 눈앞의 실체를 겹쳐보며, 아주 미세한 논리적 틈이라도 발견된다면 즉각 그 관계의 성립을 유보하는 정교한 검증 작업입니다.

심화 지문에서 이 단어는 출제자가 내용 일치 여부를 묻는 가장 직접적인 도구로 쓰입니다. 출제자는 핵심 단어는 그대로 두되 주어와 서술어의 관계를 슬쩍 뒤틀어, 얼핏 보면 부합하는 것처럼 보이지만 실상은 선이 어긋나는 함정 선택지를 설계하죠. 따라서 대나무 조각을 맞추듯 지문의 문장과 선택지의 진술을 끝까지 대조하여, 아주 미세한 논리적 틈이라도 발견된다면 즉각 부합하지 않는 오답으로 가려내야 합니다.

사실 가장 행복한 순간은 내가 꿈꾸던 모습과 오늘의 내 모습이 서로 부합할 때일 것입니다. 비록 지금은 조각이 조금 어긋나 보여도 나만의 보폭으로 조금씩 깎고 다듬으며 맞춰가는 그 과정은 충분히 가치 있는 일입니다.

이 단어가 시험지에 나올 때

내용 일치 문제에서 '부합'이라는 말이 나오면, 선택지의 문장이 지문의 사실과 대나무 조각처럼 결이 정확히 맞는지를 확인하세요. 출제자는 단어 몇 개만 바꿔 겉모양만 비슷하게 꾸민 오답을 섞어놓을 수 있기 때문에 주의하여야 합니다.
선택지에서 데이터가 가설을 지지한다면 이는 결이 부합한다는 뜻이고, 반대로 가설이 기각되었다면 그 조각의 선이 맞지 않는다는 의미, 즉 불일치를 뜻합니다. 선택지의 인과 관계를 지문과 끝까지 대조하여 정답을 판독하세요.

75

전개(展開)

두루마리를 펼치듯 논리를 풀어내는 법

展 (펼 전)·開 (열 개) **사전적 의미**: 내용을 진전시켜 나감. 펼쳐서 벌임.

꼭꼭 접혀 있던 두루마리가 바닥에 길게 펼쳐지며 감춰졌던 전체 그림을 드러내듯, 어떤 일이나 생각이 일정한 질서를 갖추고 나아가는 과정이 있습니다. 숨겨진 진실이나 사건의 흐름을 차근차근 펼쳐 보이는 역동적인 움직임을 전개라고 부릅니다.

전(展)은 접혀 있던 두루마리나 옷감을 바닥에 길게 늘어놓아 안 보이던 내용을 드러내는 모습에서 유래하여, 하나의 주제를 향해 나아가는 긴 흐름을 뜻합니다. 개(開)는 빗장 걸린 문(門)을 두 손으로 힘차게 열어젖히는 모습에서 유래하여, 닫혀 있던 영역을 개방하여 내부의 진실을 마주하게 하는 새로운 시작을 의미하죠.

어원으로 본 전개는 논리의 문을 열어 두루마리를 펼치는 것입니다. 이는 추상적인 생각을 독자가 납득할 수 있게 구체적인 질서 속에 길게 늘어놓는 과정이며, 논리의 문이 열리는 순서를 차

176

근차근 살피는 것이 전개의 핵심 원리입니다. 정의, 분류, 인과 등 설계도에 따라 내용이 펼쳐지는 궤적을 따라가다 보면, 어느새 필자가 도달하고자 했던 거대한 인식의 바다에 이르게 됩니다.

심화 지문에서 이 단어는 출제자가 글의 전개 방식을 묻는 거시적 독해 문제로 자주 사용합니다. 출제자는 지문의 아주 일부분에만 쓰인 지엽적인 서술 방식을 마치 글 전체의 지배적인 특징인 것처럼 속여 매력적인 오답 선택지를 설계하죠. 따라서 두루마리 전체를 다 펼쳤을 때 가장 중심이 되는 흐름이 무엇인지, 논리의 문을 여는 주된 열쇠가 무엇인지 전체적인 비중을 따져 판독하는 것이 독해의 핵심입니다.

사실 우리의 삶도 매일 한 페이지씩 전개되는 위대한 이야기와 같습니다. 지금 당장은 다음 장에 무엇이 적혀 있을지 몰라 불안할 수 있지만, 정성껏 오늘의 문을 열고 나아가다 보면 여러분만의 멋진 결말이 기다리고 있을 거예요.

이 단어가 시험지에 나올 때

시험지에서 '전개 방식'을 묻는다면 문장 개별의 의미가 아닌, 문단들이 만드는 거시적 설계도를 찾으라는 신호입니다. 정보가 단순히 나열되는지, 결론을 향해 층위를 이루며 입체적으로 쌓이는지 그 흐름을 읽어내는 것이 정답의 관건입니다.
오답은 주로 일부의 서술 기법을 글 전체의 지배적 방식인 양 확대 해석하여 유혹합니다. 특정 문단의 기법에 매몰되지 말고, 글 전체를 관통하는 뼈대가 '시간 흐름'인지 '관점 병치'인지 등 지배적 양상을 판독해야 함을 명심하세요.

76

범주(範疇)

생각의 구역을 나누는 일정한 테두리

範 (법 범)·疇 (밭두둑 주)   **사전적 의미**: 동일한 성질을 가진 부류나 범위.

어질러진 물건들을 용도에 맞게 분류하여 차곡차곡 정리해 두는 지적인 서랍처럼, 수많은 정보를 공통된 특징에 따라 끼리끼리 모아 구역을 정하는 테두리가 있습니다. 동일한 성질을 가진 것들을 하나의 틀 안에 묶어 질서를 부여함으로써, 복잡한 세상 속 정보들이 마땅히 있어야 할 제 위치를 찾아 주는 역할을 우리는 범주라고 부릅니다.

범(範)은 대나무로 만든 수레의 틀이나 모형에서 유래하여, 일정한 모양을 찍어내는 본보기를 상징합니다. 주(疇)는 밭과 밭 사이를 나누는 경계인 밭두둑을 의미하며, 서로 다른 작물이 섞이지 않게 길을 내어 구역을 명확히 구분하는 모습을 뜻합니다.

어원으로 본 범주는 일정한 틀로 찍어내어 생각의 구역을 나누는 것입니다. 이는 개념이 어디에 속하는지를 결정하는 결정적 기준이며, 서로 다른 밭두둑에 있는 개념이 섞이지 않도록 경계를 짚어내는 체계적인 사고의 기술입니다. 지문이 설정한 틀이 무엇인지 파악하고 그 안에 담길 알맹이들을 올바른 칸에 분류해 넣을 때, 비로소 정보는 가치 있는 지식으로 변모합니다.

심화 지문에서 이 단어는 출제자가 분류의 타당성을 묻는 함정으로 자주 사용합니다. 출제자는 범주가 다른 사례를 마치 같은 부류인 것처럼 슬쩍 끼워 넣어 우리를 낚으려 하죠. 따라서 지문이 설정한 밭두둑의 기준이 무엇인지 확인하고, 선택지의 사례가 그 틀에 정확히 들어맞는지 대조하는 것이 독해의 핵심입니다. 지문 속에서 "동일한 층위에서 논의된다"거나 "분류에서 제외된다"는 서술이 나온다면 우리는 즉시 범주의 경계를 판독하여야 합니다.

사실 우리는 가끔 스스로를 부족한 사람이라는 좁은 범주에 가두곤 합니다. 하지만 여러분은 훨씬 더 넓고 무궁무진한 가능성을 가진 범주에 속한 소중한 존재라는 사실을 잊지 마세요.

■ 이 단어가 시험지에 나올 때 ■

유사 사례 찾기나 분류 문제에서 '범주'라는 말이 나오면, 먼저 지문이 제시한 분류 기준이 무엇인지를 확인하세요. 출제자는 범주의 기준을 살짝 비틀어 엉뚱한 사례를 끼워 넣는 함정을 만들 수 있습니다.

특히 인문이나 법학 지문에서 범주가 확장되는 상황이라면, 마치 밭두둑을 옮기듯 경계가 이동했는지를 살펴야 합니다. 선택지가 기존 범주를 엄격히 고수한다고 할 때, 실제로 지문에서 경계가 허물어져 더 큰 틀로 재편되었는지 확인하여야 합니다.

77

유의(留意)
마음의 닻을 내려 특정 사실에 머무름

留 (머무를 유)·意 (뜻 의)　**사전적 의미**: 1. 마음에 머물게 함. 주의함. 2. 어떤 일에 마음을 쓰고 조심함.

　수많은 정보가 스쳐 지나가는 와중에 꼭 필요한 지점에서 생각의 발걸음을 멈춰본 적이 있나요? 이처럼 마음을 다른 데 쓰지 않고 특정한 사실에 뜻을 집중하여 머물게 하는 상태를 우리는 유의라고 부릅니다.

　유(留)는 짐승이 밭(田)에 멈춰 서 있는 모습에서 유래하여, 가던 길을 멈추고 그 자리에 딱 붙어 오랫동안 머무르는 상태를 뜻합니다. 의(意)는 마음(心)에서 울려 나오는 소리(音)라는 뜻으로, 겉으로 드러난 현상보다 더 깊은 곳에 있는 내면의 의지나 생각을 상징합니다.

　어원으로 본 유의는 생각의 소리를 특정 지점에 멈추어 머물게 하는 것입니다. 이는 놓치기 쉬운 조건이나 예외 상황에 마음의 닻을 내리는 행위이며, 내 마음의 밭에 중요한 정보를 단단히 묶어두어 흔들리지 않게 지키는 과정입니다. 중요한 순간에 마음의 발걸음을 멈추고 정보의 핵심을 끈질기게 붙들고 있을 때, 비로소 함정이라는 거센 파도에 휩쓸리지 않고 정확한 진실의 항구에 도달할 수 있습니다.

심화 지문이나 문제 발문에서 이 단어는 출제자가 제한 조건을 설정할 때 가장 많이 사용합니다. 출제자는 "단, ~에 유의할 것"이라는 조건을 걸어두고, 정작 선택지에서는 그 조건을 교묘하게 어긴 매력적인 오답을 배치하여 우리를 시험하죠. 따라서 조건의 닻이 풀린 선택지는 아무리 내용이 그럴듯해도 즉각 오답으로 판독하는 것이 독해의 핵심입니다.

유의는 지금 내 곁에 있는 사람의 작은 목소리에 귀를 기울이는 다정한 배려이기도 합니다. 무심히 지나칠 수 있는 순간에 마음의 발걸음을 멈춰 세울 때, 비로소 보이지 않던 상대의 진심이 보이기 시작하기 때문입니다.

이 단어가 시험지에 나올 때

출제자는 유의 사항을 교묘히 무시한 선택지를 정답처럼 꾸밀 수 있으므로, 머릿속에 그 조건을 분명히 세워두고 선택지를 하나하나 대조하는 것이 중요합니다. 조건의 닻이 풀린 선택지는 즉시 오답으로 판독하는 것이 핵심입니다.
또한 선택지에서 두 개념을 뭉뚱그려 설명한다면, 이는 지문이 명확히 제시한 경계선을 넘은 오답임을 간파하여야 합니다. 미세한 차이를 구분하라는 유의 사항을 날카롭게 걸러내어 정답을 판독하세요.

78

수반(隨伴)
앞선 현상을 그림자처럼 항상 따라다님

隨 (따를 수)·伴 (짝 반)　**사전적 의미**: 어떤 일과 더불어 생김.

하나의 변화가 일어날 때 그에 딸린 다른 현상이 그림자처럼 항상 함께 나타나는 경우를 본 적이 있나요? 이처럼 어떤 일이 일어날 때 필연적인 결과나 관련 현상이 예외 없이 뒤따라 발생하는 상태를 우리는 수반이라고 부릅니다.

수(隨)는 앞선 행렬이나 흐름을 거스르지 않고 그 뒤를 차례대로 뒤따라가는 모습에서 유래하여, 앞선 것이 길을 열면 뒤따르는 것이 그 길을 그대로 밟아 나가는 질서를 뜻합니다. 반(伴)은 사람 옆에 반쪽이 붙어 나를 완성해 주는 단짝을 의미하며, 어떤 현상이 발생할 때 늘 운명을 같이하는 관계를 상징합니다.

어원으로 본 수반은 뒤따르며 단짝이 되는 것입니다. 이는 두 현상 사이의 필연적 결합 관계를 보여주는 중요한 열쇠이며, 앞선 변화에 그림자처럼 딸려 오는 단짝이 무엇인지 정확히 포착하는 과정입니다. 물가 상승이 금리 인상을 수반하듯 떼려야 뗄 수 없는 연쇄 반응의 흐름을 읽어낼 때, 비로소 복잡하게 얽힌 현상의 본질을 명확하게 파악할 수 있습니다.

심화 지문에서 이 단어는 출제자가 상관관계와 독립성을 뒤트는 함정으로 자주 사용합니다. 출제자는 수반되는 현상을 마치 독립적으로 일어날 수 있는 일인 것처럼 속여, 둘의 연결 고리를 끊어놓은 선택지로 우리를 유혹하죠. 따라서 A가 발생할 때 B가 짝꿍처럼 항상 나타나는지 확인하고, B 없이 A만 단독으로 일어나는 사례가 지문에 있는지 대조하여 수반 관계의 진위 여부를 판독하여야 합니다.

사실 우리가 내리는 모든 선택에는 그에 따른 책임이나 새로운 기회가 수반되기 마련입니다. 멋진 성과 뒤에는 그만큼의 정직한 땀방울이 단짝처럼 따라붙는 법이기에 지금 여러분이 겪는 과정은 미래의 성장을 위한 필수적인 동행임을 잊지 마세요.

■ 이 단어가 시험지에 나올 때 ■

상관관계를 묻는 문제에서 '수반'이라는 말이 나오면, 두 현상이 필연적으로 함께하는 짝꿍 관계인지 확인하세요. 출제자는 수반되는 현상을 선택 사항인 것처럼 비틀어 오답을 만들지만, 수반되는 현상은 운명을 같이하는 단짝임을 알아야 합니다. 선택지에서 예를 들어 "추가적인 에너지 손실 없이 기술 구현이 가능하다"고 한다면, 지문이 수반이라는 단어로 그 손실을 떼려야 뗄 수 없는 짝으로 정의했는지 대조하세요. 둘 사이의 연결 고리를 끊어놓은 선택지를 가려내는 것이 핵심입니다.

79

치환(置換)

원래의 것을 들어내고 새것으로 교체함

置 (둘 치)·換 (바꿀 환)　**사전적 의미**: 1. 바꾸어 놓음. 2. (화학) 원자 등을 다른 것으로
바꿈.

수학 문제를 풀 때 복잡한 식을 문자 하나로 바꾸거나, 어려운
단어를 쉬운 말로 갈아 끼워 본 적이 있나요? 이처럼 어떤 것을
다른 것으로 바꾸어 놓아 복잡한 상황을 단순화하거나 새로운 관
계를 발견하는 행위를 우리는 치환이라고 부릅니다.

치(置)는 그물로 잡은 것을 일정한 자리에 바르게 배치한다는
뜻으로, 어떤 존재가 마땅히 있어야 할 고정된 위치를 상징합니
다. 환(換)은 손으로 물건을 주고받으며 맞바꾸는 모습에서 유래
하여, 원래 자리에 놓여 있던 것을 들어내고 성격이 같은 새로운
것을 그 자리에 대신 채워 넣는 교체를 의미하죠.

어원으로 본 치환은 제자리에 있던 것을 들어내고 새로운 것으
로 바꾸는 것입니다. 이는 어려운 용어를 쉬운 일상의 단어로 갈
아 끼워 문맥을 점검하는 유용한 방법이며, 원래의 조각을 빼고

새로운 조각을 넣어도 논리적 틀이 그대로 유지되는지 살피는 과정입니다. 정보들 사이의 공통된 본질을 꿰뚫어 보아 복잡한 구조를 단순하게 정리할 때, 비로소 보이지 않던 정답의 실마리가 선명하게 드러나기 시작합니다.

지문에서 이 단어는 출제자가 대치 가능성과 문맥적 의미를 묻는 도구로 사용됩니다. 출제자는 지문의 핵심어를 다른 단어로 치환했을 때 의미가 통하는지 묻는 함정을 설계하여, 우리가 단어의 껍데기가 아닌 기능을 올바르게 이해하고 있는지 시험하죠. 원래 자리에 놓인 단어를 빼고 선택지의 단어를 갈아 끼웠을 때 문장이 자연스럽게 흐르는지 대조하는 것이 독해의 핵심입니다.

'하여야만 하는 일'이라는 무거운 이름표를 '내가 선택한 도전'이라는 긍정적인 단어로 살짝 바꾸어 끼워 보세요. 단지 단어 하나를 치환했을 뿐인데 여러분을 짓누르던 '부담감'이 스스로를 움직이게 하는 '설렘'으로 변하는 마법을 경험하게 될 것입니다.

■■■ **이 단어가 시험지에 나올 때** ■■■

추론 및 응용 문제에서 '치환'이라는 말이 나오면, 지문의 어려운 용어를 쉬운 단어로 바꿔 넣어도 문맥이 잘 통하는지 확인하세요. 원래 단어를 들어내고 선택지의 단어를 끼웠을 때 맥락이 자연스럽게 이어지는지를 포착하는 것이 핵심입니다.
특히 논리나 과학 지문에서는 특정 성질 때문에 다른 것으로 대체할 수 없는 경우가 있으니, 선택지가 치환이 불가능하다고 주장한다면 지문에서 해당 요소만의 고유한 성질을 강조하는지 확인하여야 합니다.

80

부각(浮刻)

특정 형상을 위로 띄워 도드라지게 함

浮 (뜰 부)·刻 (새길 각)　**사전적 의미**: 1. 어떤 사물을 특징지어 두드러지게 함. 2. 평면 위에 형상을 입체적으로 튀어나오게 조각함.

밋밋한 평면 위에 특정 형상만 입체적으로 튀어나오게 조각된 모습을 본 적이 있나요? 이처럼 어떤 사물을 특징지어 두드러지게 하거나 시선을 집중시키는 방식을 부각이라고 부릅니다.

부(浮)는 물 위에 소중한 알(孚)이 둥둥 떠 있어 멀리서도 잘 보이는 상태를 뜻하며, 각(刻)은 칼로 나무나 돌을 깊게 깎아 형상이 평면 위로 쑥 솟아오르게 만드는 조각의 원리를 의미합니다. 즉, 부각은 정성껏 깎아내어 강조하고 싶은 핵심을 수면 위로 선명하게 띄우는 의도적인 행위입니다.

어원으로 본 부각은 대상을 시선의 중심에 위치시켜 입체적인 생동감을 부여하는 일입니다. 이는 저자가 전달하려는 메시지를 도드라지게 만드는 장치이며, 칼로 새기듯 특정 내용을 강조하여 정보의 비중을 조절하는 과정입니다. 반복이나 대조를 통해 중요한 사실을 수면 위로 띄울 때, 비로소 우리는 복잡한 문장들 속에서도 필자의 진짜 목소리를 선명하게 구분해낼 수 있습니다.

심화 지문에서 이 단어는 출제자가 서술상의 특징이나 표현 기법을 묻는 단골 소재로 사용됩니다. 출제자는 지문에서 단 한 번 스쳐 지나간 지엽적인 내용을 마치 강조된 것처럼 꾸며 부각하고 있다는 매력적인 오답 선택지를 설계하죠. 따라서 해당 내용이 반복이나 대조를 통해 주변 정보보다 확실히 입체적으로 두드러지는지, 혹은 문맥의 중심에 떠 있는지 그 비중을 따져 판독하는 것이 독해의 핵심입니다.

남들과 똑같은 모습으로 배경 속에 숨기보다 내가 가진 소중한 가치를 칼로 새기듯 정성껏 다듬어 보세요. 묵묵히 자신만의 무늬를 깎아 나가는 그 정성이 언젠가 당신이라는 존재를 세상이라는 수면 위로 가장 빛나게 띄워 줄 것입니다.

이 단어가 시험지에 나올 때

서술상 특징 문제에서 '부각'이라는 말을 보면, 해당 소재가 지문 전체에서 반복되거나 대조되는지를 먼저 확인하세요. 출제자는 한 번 언급된 사실을 마치 부각된 것처럼 교묘하게 포장해 문제에 함정을 만들 수 있습니다.
또한 선택지에서 평면적이다거나 배경과 구분이 모호하다고 한다면, 그것은 형상을 도드라지게 하는 부각의 원리와 반대되는 오답입니다. 형상이 얼마나 선명하게 드러나는지를 기준으로 삼아 정답을 날카롭게 가려내세요.

한자어 문해력 치트키 80

시험장에 들어가기 전, 마지막 3분 점검!

이 부록은 새로운 내용을 가르치기 위한 페이지가 아닙니다. 이 책에서 이미 배운 것을 시험장에서 바로 꺼내 쓰기 위한 '판독 스위치'입니다.

시험장에서 문제를 틀리는 이유는 대부분 같습니다. 지문을 이해하지 못해서가 아니라, 알고 있던 개념을 떠올릴 시간이 없기 때문입니다.

이 치트키는 각 한자어를 '설명'이 아닌 하나의 판단 기준으로 압축했습니다. 단어를 보는 순간, 무엇을 먼저 확인해야 하는지가 즉시 떠오르도록 설계했습니다. 이 치트키만 읽으면 길게 읽지 않아도 되고, 외우려 애쓰지 않아도 되고, "이 단어가 나오면, 이것만 본다"는 기준만 확인하면 됩니다.

시험장에 들어가기 전, 혹은 쉬는 시간 3분 동안 이 카드들을 훑으며 머릿속에 판독의 골격만 다시 세워두기 바랍니다. 지문은 달라져도 정답을 가르는 기준은 달라지지 않습니다. 이 치트키는 그 기준을 가장 짧은 문장으로 붙잡아두기 위한 마지막 안전장치입니다.

정의 지문에서 "A란"이 나오면, 그 울타리 밖 해석은 전부 배제한다.

본질 조건이 바뀌어도 끝까지 남는 핵심이 무엇인지 찾는다.

근거 주장이 아니라, 그 주장을 떠받치는 땅을 확인한다.

추론 말하지 않았지만 논리적으로 따라오는 결론을 찾는다.

전제 결론 전에 이미 깔려 있는 숨은 약속을 점검한다.

타당 원인과 결과가 맞물리는지 톱니를 확인한다.

종합 흩어진 정보가 하나의 결론으로 묶이는지 본다.

비판 무조건 부정이 아니라, 기준에 따라 가르는 판단이다.

비교 공통점을 중심으로 나란히 놓았는지 확인한다.

대조 차이를 선명하게 드러내기 위한 대비인지 본다.

유추 이미 아는 구조를 빌려 미지를 설명하는지 본다.

인과 앞의 원인이 뒤의 결과를 낳는 구조인지 점검한다.

가설 잠정적 설명인지, 확정된 사실인지 구분한다.

검증 가설을 시험해 확인하는 단계인지 확인한다.

해학 웃음 속에 슬픔이나 비판이 함께 담겼는지 본다.

골계 우스움으로 현실의 모순을 꼬집는지 확인한다.

풍자 직접 비난이 아니라 돌려서 찌르고 있는지 본다.

비장 슬픔 속에서도 물러서지 않는 결의가 있는지 본다.

숭고 압도적 대상 앞의 경외와 긴장이 함께 있는지 본다.

승화 고통이 더 높은 가치로 변했는지 확인한다.

미학 무엇이 왜 아름
다운지를 설명하
고 있는지 본다.

관조 감정에서 한 발
물러나 바라보고
있는지 본다.

상징 구체적 대상에 추
상적 의미가 실려
있는지 본다.

환유 일부로 전체를
대신하고 있는지
확인한다.

형상 추상이 감각적으
로 드러나고 있
는지 본다.

추상 구체를 덜어 핵
심만 남기고 있
는지 본다.

여백 말하지 않은 부
분이 의미를 확
장하는지 본다.

조화 서로 다른 요소
가 충돌 없이 어
우러지는지 본다.

공리 개인이 아니라 전
체의 이익을 기준
으로 삼는지 본다.

효용 선택이 주는 만족
의 크기를 따지고
있는지 본다.

매몰 이미 쓴 비용에 발목 잡히는 오류인지 확인한다.

합리 감정이 아니라 계산된 이득을 따지는지 본다.

상충 두 이익이 동시에 충족 불가능한지 본다.

보전 손실을 원래 상태로 메우는지 확인한다.

상쇄 반대 효과가 서로 0으로 지워지는지 본다.

유인 특정 행동을 끌어내는 장치가 있는지 본다.

탄력 변화에 얼마나 민감하게 반응하는지 본다.

경합 제한된 자원을 두고 경쟁하는 구조인지 본다.

배제 일부를 의도적으로 제외하고 있는지 본다.

수렴 흩어진 의견이 하나로 모이는지 본다.

지향 현재가 아니라 향하는 방향을 말하는지 본다.

임계 기준점을 넘자 성질이 바뀌는지 본다.

발산 에너지가 밖으로 퍼져나가는 구조인지 본다.

매개 둘 사이를 연결하는 중간 고리가 있는지 본다.

투과 장애를 무시하고 통과하는지 본다.

굴절 경계를 넘으며 방향이 꺾이는지 본다.

회절 장애 뒤로 퍼지며 우회하는지 본다.

포화 더 이상 받아들일 수 없는 한계인지 본다.

평형 어느 쪽으로도 기울지 않는 균형인지 본다.

반작용 작용만큼 되돌아오는 힘이 있는지 본다.

이완 긴장이 풀리며 느슨해지는지 본다.

편차 기준선에서 얼마나 벗어났는지 본다.

윤리 개인 감정이 아닌 보편적 기준인지 본다.

신념 쉽게 흔들리지않는 생각인지본다.

자존 타인이 아니라 스스로를 존중하는지 본다.

정체 변해도 남는 뼈대가 무엇인지 본다.

인내 체념이 아니라 버티며 나아가는지 본다.

실천 지식이 행동으로 이어지는지 본다.

긍지 평가와 무관한 자기 확신인지 본다.

절제 제거가 아니라 조절인지 확인한다.

독립 고립이 아니라 주체성인지 본다.

자율 외부 규칙이 아니라 내적 원칙인지 본다.

극복 시련 뒤 더 높은 질서가 생겼는지 본다.

도전 안락함을 깨고 맞서는 선택인지 본다.

고백 숨김없는 자기 성찰이 있는지 본다.

연민 대상의 고통을 함께 느끼는지 본다.

해당 모든 조건이 동시에 충족되는지 점검한다.

왜곡 사실이 구부러져 전달되었는지 본다.

맥락 앞뒤 흐름 속에서 의미가 이어지는지 본다.

포괄 일부가 아니라 전체를 담는지 본다.

결핍 반드시 채워야 할 빈자리가 무엇인지 본다.

함의 말하지 않았지만 필연적 결론인지 본다.

전개 글 전체를 관통하는 흐름인지 본다.

유의 반드시 지켜야 할 조건을 놓치지 않는다.

치환 다른 말로 바꿔도 문맥이 유지되는지 본다.

변주 바탕은 유지되고 형식만 바뀌었는지 본다.

부합 선택지가 지문과 결이 맞는지 본다.

범주 분류 기준이 바뀌었는지 유지되었는지 본다.

수반 둘이 떨어질 수 없는 짝인지 본다.

부각 반복·대조로 도드라졌는지 본다.

기억에 2배로 오래 남는 영단어 암기비법

60일 만에 마스터하는 중학 필수 영단어 1200

정승익 지음 | 값 15,000원

중학생이라면 꼭 알아야 할 영단어를 60일이면 효과적으로 외울 수 있는 단어 학습서다. 30일까지의 단어를 31일부터 60일까지 다시 한 번 반복해서 자연스럽게 같은 단어를 두 번 외울 수 있도록 구성했다. 책으로만 공부하기 힘들다면 QR코드로 제공하는 저자의 무료 음성 강의를 들으면 된다. 몇 번을 반복해서 읽는 것만으로도 단어가 기억에 남는 이 책으로 중학교 영단어를 정복해 보자.

교과서를 벗어나 자유롭고 재미있게 익히는 영어 공부법

10대를 위한 영어 3줄 일기

정승익 지음 | 값 14,000원

입시 영어에 갇혀 있는 학생들이 교과서 밖 살아있는 영어와 만날 수 있도록 질문에 답을 하는 형식의 일기로 구성했다. 미국 현지 학생의 도움을 받아 생소한 단어와 표현, 어려운 문법도 쉽게 이해할 수 있도록 했고, 샘플 답변과 자신만의 일기를 쓸 수 있어 복습은 물론 작문 연습도 할 수 있도록 했다.

미래를 결정할 십대의 좋은 습관 만들기

게으른 십대를 위한 작은 습관의 힘

장근영 지음 | 값 15,000원

게으른 십대 시절을 보내고 심리학자가 된 저자가 알려주는, 습관이 가진 힘에 대한 이야기다. 심리학적 지식을 기반으로, 습관의 기본개념에서부터 생활습관, 마인드습관 등 인간의 행동심리와 갈망을 습관과 구체적으로 접목시키는 방식이 흥미롭다. 작지만 좋은 습관들이 쌓여서 어느 순간 나의 삶을 충만하게 할 것이다.

기후위기 시대의 청소년들이 꼭 알아야 할 과학 교양

십대를 위한 기후변화 이야기

반기성 지음 | 값 15,000원

이 책은 저명한 기후 전문가가 들려주는 기후 이야기로, 기후변화에 관한 모든 것을 담았다. 기후변화가 극심해진 원인은 무엇이며 그로 인해 어떤 피해가 발생하는지에 대해 과학적인 분석을 통해 구체적으로 설명한다. 더 늦기 전에 기후변화 저지와 환경보호에 적극적으로 동참해야 한다. 그렇지 않으면 지금 청소년들이 지구의 마지막 세대가 될 수도 있다.

메타버스 시대의 청소년이 꼭 알아야 할 IT 교양

십대를 위한 미래사회 이야기

박경수 지음 | 값 14,000원

이 책은 창의적 인재가 되기 위해 반드시 알아야 할 미래기술을 다양한 시각으로 담은 청소년 교양서다. 십대 누구나 술술 읽을 수 있도록 쉽고 재미있게 쓰였다. 지금 청소년들이 집중해야 할 것은 눈앞에 펼쳐진 세상이 아니다. 자신의 상상력으로 새롭게 만들어나갈 미래의 세상이다. 이 책은 청소년들이 미래사회를 이끌어 나감에 있어 튼튼한 기초 지식이 되어 줄 것이다.

핵심만 쏙쏙 짚어내는

1일 1페이지 국어 365

장동준 지음 | 값 18,000원

이 책은 영역별로 챕터를 나누어 하루에 한 개념씩, 쉽고 재미있게 국어 개념 공부를 할 수 있도록 만들어진 '국어의 기본서'다. 이 책으로 국어의 기본을 튼튼히 다지고 실력을 향상시킨다면, 내신과 수능에서 1등급을 얻는 것은 물론, 공무원 시험을 준비하는 이들도 국어 과목에서 원하는 점수를 얻을 수 있을 것이다.

핵심만 쏙쏙 짚어내는

1일 1페이지 영어 365

정승익 · 이재영 지음 | 값 18,000원

많은 학생이 영어를 잘하다가 수험생이 되면 중하위권 성적으로 떨어진다. 이 책은 이런 충격을 미리 대비할 수 있도록 매일 공부할 수 있는 내용을 한 페이지에 담았다. 필수적인 문법, 동사, 구문, 듣기, 독해에서 꼭 알아야 할 핵심 내용을 쉽게 설명했고, 수능영어를 경험할 수 있도록 수능빈출 문제도 실었다.

핵심만 쏙쏙 짚어내는

1일 1페이지 수학 365

정승익 지음 | 값 15,000원

흔히 학생들이 수학 시험을 위해 문제 푸는 연습에 전력을 다하지만 그 방법은 한계가 있다. 문제의 유형을 비틀어 변형을 주면 쉽게 틀릴 수 있기 때문이다. 현명한 방법은 개념을 정확히 이해하는 것이다. 이 책은 수학 영역에 따라 공부법이 다르다는 것을 세심하게 알려주어 학생들이 제대로 수학을 공부할 수 있도록 돕는다. 수학 실력을 제대로 키우고 싶은 학생들을 위한 책이다.